Jacob Maier

Fust von Stromberg

Schauspiel in 5 Aufz.

Jacob Maier

Fust von Stromberg
Schauspiel in 5 Aufz.

ISBN/EAN: 9783743479678

Hergestellt in Europa, USA, Kanada, Australien, Japan

Cover: Foto ©ninafisch / pixelio.de

Manufactured and distributed by brebook publishing software
(www.brebook.com)

Jacob Maier

Fust von Stromberg

Fust

von

Stromberg.

Ein
Schauspiel
in fünf Aufzügen.

Mit den Sitten, Gebräuchen und Rechten
seines Jahrhunderts.

Von
Herrn Hofgerichtsrath Maier.

Mannheim, 1791.

Perſonen.

Wolfried Fuſt von Stromberg.

Bertha, seine Tochter.

Adelheit, seine Tochter.

Landschaden von Steinach, Liebhaber der Bertha.

Von Flörsheim, dessen Fehdgespann und Vertrauter.

Fetzer von Schwalbach, ein alter Fehdgesell des Fuſts.

Von Arnstein der ältere, des Abts von Sponheim Vogt oder Vizedom.

Von Arnstein der jüngere, dessen Sohn.

Artimes, ein griechischer Mahler.

Volrath, ein alter zu Sponheim eingepfründeter Edler, der bey den Kreuzzügen zum Krüppel gehauen worden.

Theiß, einer von Fuſts gehegten Leuten.

Orbald,

Witbald, } Anführer von Steinachs Reitleuten.

Ratgald,

Kurt, Anführer von Flörsheims Reitleuten.

Reinald, Anführer von Fuſts Reitleuten.

Pinar und }

Herrmann, } Anführer von des Abts Reitleuten.

Rutler, ein Küchenjunge des Abts.

Ein Bube.

Erster Aufzug.

Erster Auftritt.

Die Bühne stellet ein altes Geißelgewölbe vor, worinn die Mönche ehedem ihre Bußwerke verrichteten.

Da man damals die Laien noch nicht so nahe zu den Heiligen, das ist zu den Reliquien in die Kirche legen durfte, so wurden die Stifter der Klöster in die Geißelgewölbe und Kapitelstuben begraben.

In die Keller und Geißelgewölber wurden auch öfters die Gefangenen geworfen.

Man siehet allenthalben Grabsteine; in der Mitte des Gewölbes ein Strohlager, davor zwey vor andern hervorragende Gräber. Auf dem einen ist ein Esel mit Schildern, Helmen und Schwertern belastet, auf dem andern Schwert und Handschuhe ausgehauen, welche Zeichen adelicher Würde waren.

Ein Licht aus einer Lampe beleuchtet beide Gräber: Artimes sitzt davor, und zeichnet die zween Grabsteine ab.

 Bots

Volrath kommt dazu, mit einer wollenen Decke unter
dem Arme, einem Brode und einem Kruge Wein.
Man hört den groſſen eiſernen Riegel aufſchieben,
worüber Artimes erſchrickt, ohne den Volrath zu
bemerken.

Volrath (für ſich.)

Wie er zuſammen fuhr! Gewiß hat ihn das mit-
ternächtliche Bußgetöſe der alten Mönchsgeiſter ſo
abgeängſtiget. (Er geht auf den Artimes zu.) Armer
Mann, ſey getröſtet; es bedeutet deinen Tod nicht,
noch ſonſt ein neues Unglück. Die heilige Zeit iſt
nahe. Vor jedem hohen Feſte hört man das Ziſchen
der Geiſſeln, das Raſſeln der Bußketten, und das
Angſtgeheul der Büßer bis in unſre entfernte Zellen.
Es ſind aber lauter gute, menſchenfreundliche Gei-
ſter. So lange das Kloſter ſtehet, hat noch niemand
Schaden von ihnen genommen. Je näher man bey
ihnen iſt, je weniger hat man von ihnen zu fürchten. — — Er hört mich nicht!

Artimes (indem er zeichnet.) Hager iſt er genug! Itzt ein paar Meiſterzüge noch, daß die Augen ſo gramſatt zuſinken, die Ohren ſich zuſpizen,
als wenns hinten her Prügel regnete. (Er betrachtet
ſeine Zeichnung.) Da ſteht er! lebendig ſteht er da,
als wenn ſich die Kunſt mit der Natur eines Eſels
wegen geſpottet hätte. (Er lacht laut.) Sie ſind auch
zu lang deine Ohren, armes Thier! Kein Wunder,
daß jedermann drüber her will!

Volrath. (für ſich.) Er redet in die Gräber,
und lacht mit den Todten? Gott! was iſt mit ihm

vor-

vorgegangen! (Er stellt sich vor den Artimes hin.)
Gott zum Trost und Gruße, lieber Artimes! Ich
habe dich in deinem alten Gefängnisse gesucht; der
Ort ist hier viel schauerlicher! (Er setzt sich auf das
Strohlager zu ihm.) — Du hast ein hartes, nasses
Lager da! Das Wasser träuft herab, wie Zähren,
aus dem morschen Gewölbe; die feuchte Thalluft
über Schilf und Sumpf durch das faule Mooß an
den Lichtlöchern da oben, erschüttert alle Glieder.
Nimm die Decke hier, und segne mit mir den guten
alten Mönch, der sie gewirkt hat. Sie wird einst
noch wohl thun einem armen Bruder; wohlthun,
wenn ich nicht mehr bin, sagte er, als er sie wirk=
te — und ich weinte. — Er ist nicht mehr! (Er
weint.) Ach! bey diesem Gedanken ist schon mancher
Tropfen darauf gefallen. Er war mein Busenfreund;
ein unendlich guter Mann! Ein Mönch von alter
Regel und Sitte! Tausendmal sprach er bey seiner
Arbeit: ich wollte, ich könnte eine Decke wirken, wo=
runter alle Arme der Welt liegen könnten!

Artimes. Da hätt' ich auch schon oft meinen
Kopf mit herausgestreckt! Hab ihn Gott lieb! we=
gen ihm möchte man allen Mönchen recht gut wer=
den. Er wirkte, was er konnte.

Volrath. Wie ich dir hier bringe, was ich
aufzubringen vermochte. Ein Krügchen gemeinen
Fest=Weins, und ein Stück Weißbrod; kaum ein
schmales Pilgermahl — Mehr konnt' ich heute wahr=
haftig nicht aufbringen.

Artimes. Gutmütiger Mann! Ein Bissen von
deiner aufgesparten Brodrinde, und ein Trunk aus

F 5 bet=

deinem Kruge dazu, iſt Liebesmahl; herrlicher als
ein volles Kloſterynbß für einen römiſchen Legaten.

Volrath. Gut, gut! was haſt du da gemacht?

Arrimes. Aus Langerweile zeichnete ich hier
die zween Grabſteine. Wenn ich nur die Buchſta-
ben leſen könnte! Ich habe ſie ſo nachgemacht.
Wunderbar! auf dem hier Schwert und Handſchuhe,
und auf dem da, ein Eſel mit Schildern, Schwertern und Helmen belaſtet — Das gute Thier! mein
Schickſal hat mich ſo vertraut mit ihm gemacht; ich
verſuchte es, das harmloſe, ſtille Dulden und Tragen alles Leidens hineinzubringen. So ein hageres,
geſchundenes Kreuzthier, Volrath, iſt ſchöne Staf-
firung für unſer Jammerthal. Traun! recht male-
riſch ſchön!

Volrath. Laß dirs ſchmecken, guter Mann!
davon verſtehe ich nichts. Wir wollen als wieder
vom Sarazenen-Kriege miteinander plaudern. Alte
Fuhrleute hören immer noch gern klatſchen. —

Arrimes. Lieber von deinem Mönche! Er muß
ein gutes Geſicht gehabt haben. Ich könnte dir ihn
itzt ſchon ſo hinmalen.

Volrath. (reicht ihm den Krug.) Dafür ſegne
dir's Gott tauſendmal!

Arrimes. Ich will nur noch die Waffen-Grup-
pe auf dem armen Thiere andeuten. ——— (Er wirft
ſeinen Griffel weg.) Sie kann auch wegbleiben! Das
Mordgeräth hat hier gar nichts bey dem frommen,
friedlichen Thiere zu thun. (Er nimmt den Krug und
trinkt.)

trinkt.) Ich möchte doch in aller Welt wissen, warum man im Kloster allenthalben so viel Esel sieht?

Volrath: Der, über dem hohen Klosterthore, bedeutet den Abt und das ganze Konvent: ist des Klosters Wappen. Die ersten Brüder wollten Gottes Urtheil darüber erforschen, wo das Kloster hingebauet werden sollte. Sie legten ihre Geldsäcke einem Esel auf, und folgten ihm in Liebe und Andacht nach; da nun der Esel hier im tiefsten Thale stecken blieb —

Artimes. So kam das Kloster in den Morast. — So gehts, wenn man Esel zu Baumeister macht. Vortreffliche Stein = und Sakträger sinds. — Sie folgten ihm nach? — Ja, das mag wahr seyn! Es gleicht; andere Leute wären vor dem Esel hergegangen. — Darum setzen sie ihn noch gar über das hohe Klosterthor. — Was bedeutet denn der hier? (Er deutet nach dem Esel auf dem Grabsteine.) Der wird doch wohl nicht noch dummere Streiche gemacht, und gar auf eben so drollichte Weise den Ausschlag zur Vogtswahl des Arnstein gegeben haben?

Volrath. Er hat auch seine eigene Geschichte.

Artimes. Dann hohl's der Teufel! Ich bedauerte die Knochen = Skize so herzlich. So gehts, am Ende kommt's meistens heraus, daß sie aus Dummheit elend sind. Braucht denn der Esel einen Vogt, der ihn reitet?

Volrath. Er bedeutet was ganz anders. Hier liegt ein Ritter begraben, der hatte zwo Weiber —

Artimes. Doch wieder einen dummen Streich!

Vol-

Volrath. Eine Edle, und eine Müllers Tochter. — Die Edle liegt hier an seiner Rechten, unter Schwert und Handschuhe; und die arme Müllers Dirne unter dem Esel an seiner Linken.

Artimes. Dann wird die Laſt und der Druck von Schildern und Helmen alles Kreuz und Leiden bedeuten, das ſo eine gemeine Dirne nach verrauchter Liebe unter den Sporen eines Ritters ausbulden muß. Die Ruhe wird ihr wohl thun; Gott gebe ihr eine ſelige Urſtände dafür!

Volrath. Immer launigt, und doch ſo unglücklich!

Artimes. Nicht ſo ſehr. Ich bin ſchon oft in einer Dachſtube naſſer geworden, als hier. Hatte weder Brod noch Wein, noch einen Freund um mich; und war beim Mangel ganzer, züchtiger, ehrbarer Beinkleider ſo ſehr ein Gefangener, als ich nun bin — Mit ein wenig Geduld, meinem Griffel, und deiner Güte, kann ich ſchon noch eine Zeitlang hier aushalten. Indeß macht mich mein Ritter wieder frey, und ich komme klüger und beſſer heraus, als ich herein gekommen bin.

Volrath. Dein Ritter! Wer iſt der?

Artimes. Fuſt von Stromberg. Er hat mich beim letzten Kreuzzuge von Konſtantinopel mitgenommen.

Volrath. Fuſt von Stromberg? Ich hab ihn lieb, deinen Ritter! Er iſt mit mir knabenweiſe im Kuraß erzogen worden. Wir haben ſo manchen Sarazenen zu Gottes Ehr und Preiß miteinander unter die Märe geſtochen.

Ar=

Artimes. Wegen seiner Sache lieg ich hier ge=
fangen.

Volrath. O! das zieht mich fester an dich.
Sage lieber Artimes, erzähl' mir alles.

Artimes. Du wirst dich noch erinnern, daß
die Brüder einst bey einer Pfingstfeier ein schönes
Stück aufführten, wie die Teufel bey der grossen
Hungersnoth um das Jahr 794 die Kornähren
ausgefressen haben, weil der Zehende versagt wor=
den. Ich malte dazu Himmel und Hölle; in die
Hölle lauter Sarazenen und Zehend = Sünder, in
den Himmel lauter Kreuzfahrer. Euer Abt, der
was auf den Kreuzzügen gewonnen hatte, gewann
mich so lieb, daß er mich überall nachschleppte. —
Bey einem geheimen Trinkgelage, das er seinem Vogt=
gab, war er so selig, daß er sich und mich vergaß.
Auf dem Berge, wo die Brühe wächst, sagte er
auf einen guten Zug, sollte ein Kloster stehen; das
wäre ein überaus schönes Seelen = Geräth! — Kann
noch geschehen, antwortete der Vogt, wenn sich die
Ritter von Rüdesheim einmal recht schwer versün=
digen. Jammer und Schade, wenn wir die Brühe
nicht länger trinken sollten, rief der Abt aus! Die
Weinberge, worinn der herrliche Saft wächst und
gedeihet, gehören unter Fußs Pfandschaft. Land=
schaden von Steinach, der Reiche, hat sich mit seiner
Tochter verlobt, und dabey groß gethan; vor dem
Beylager oder Bettsprunge sollte der ganze beträcht=
liche Pfandschilling auf einem Haufen im Kloster
liegen: bis dahin laßt's euch wohl schmecken, er=
wiederte der Vogt; aus dem Sprunge wird nichts;

dafür

dafür hat eine Nonne gebetet, und Adelheid zum
Nutzen und Frommen unſeres armen Heiligen gott-
ſelig gewacht. Wir haben Fuſts geheime Briefe
in ſeiner letzten Krankheit ein wenig durchgeſucht und
eine kleine Veränderung im Pfandbriefe vorgenom-
men. Bey dieſer Gelegenheit ſteckte ich eine wichtige
Urkunde heimlich zu mir, welche ſagt, daß Fuſts
Vater, Brenner Fuſt, ſich mit einer Leibeignen des
Kloſters ehelich vergriffen habe; ihr Sohn Wolffried
Fuſt iſt daher euer geborner Knecht, und ſeine Tochter Bertha eure leibeigene Magd, mit der Ritter
Landſchaden von Steinach keinen Bettſprung machen
kann: und wollte er wider Ehre und Sitten durchaus ſpringen, dann ſuchen wir unſere Leibeigene in
unſere Gewaltſame zu bringen, bis ſie bey uns den
Gürtel gelöſt hat, und uns an allen Rechten der
Leibeigenſchaft, Leibsbäde, Beſthaupt, G'wand-
theil, Tod = Hand, und Klauen = Thaler, ſatt und
genug geſchehen iſt. Unſer Heiliger hat ein altes
erſeſſenes Recht, ſeine Leibeigene, die vor der Ab-
findung in eine fremde Gewalt übergehen, zu verfolgen, und wo man ſie findet, mit dem Ohr an-
naglen zu laſſen. Das wäre eine ſchöne Naglerey
den Mädchen die Ohren zu vernaglen, ſprach ich,
und lachte laut. Wie aus dem Traum geſchreckt
ſtarrten ſie mich an; dem Vogte wurmte es andern
Tag's, daß ich ſeine Geheimniſſe belauſcht hatte. Er
ließ mich durch ſeine Knechte aufſuchen; ich flüchtete
mich in Steinachs Burgbann; ſie verfolgten mich
aber, warfen mich an dem Block des angeſchlagenen

Burg-

Burgfriedens nieder, banden mich, und schleppten mich hier her.

Volrath. Das durchkreuzt sich; ist zu viel für ein Hirn, das durch so manchen Säbelhieb erschüttert worden. Landschaden von Steinach hätte dem Fust für seine Tochter die Auslösung aller unserm Kloster versetzten Güter versprochen?

Arrimes. Ja.

Volrath. Dann werden unsere Mönche aufhören, reich zu seyn, und anfangen selig zu werden. Unser feister Klostervogt sollte dir bey all seinen Gastrechten, Einkehren, Jägeratzen und Einlägern so hager werden, wie seine Windspiele.

Arrimes. Das zu behindern hat er mit der alten Adelheit den Pfandbrief verfälscht, aus dem Wörtgen v e r s e t z t, v e r k a u f t gemacht, und um die noch immer gefährliche Heyrath des Steinachs mit der Fustin zu hintertreiben, behauptet er aus einer gestohlenen Urkunde, Bertha hätte eine leibeigene Großmutter gehabt.

Volrath. Das sind Köpfe! In ihrer Geburtsstunde müssen sich feurige Schlangen oder ihnen in der Luft gebissen haben. Weiß das dein Ritter?

Arrimes. Nein, ich konnte seine Burg nicht erreichen.

Volrath. Solltest nicht! Durch Gottes beste Fügung solltest du nicht! Deine Gefangenschaft ist vielleicht sein Glück, das ihm Ehre und Güter rettet.

Arrimes. So dunkel, wie eine Wahrsagung!

Volrath. Sollst gleich Licht haben. Merke auf: — Mein alter Mönch war ein unerkannter

Ed=

Edler, Fuſts älteſter Bruder. In ſeinem letzten Stündchen ſaß ich ihm zum Troſt an ſeiner Schilf= matte, worauf er ſtarb. Er drückte mir die Hand, daß ichs fühlte, es ſeye das letztemal; endlich ein= mal glücklich! ſagte er leiſe. Hand in Hand wä= ren wir zween alte Wanderer nun ſo weit gekommen. Ich bin müde, recht ſehr müde! jenſeits des Gra= bes iſt Ruhe. Ich habe noch ein Geheimniß, das nimm mit meinem Seegen hin. Dir iſt der Erbhaß zwiſchen den Geſchlechtern von Stromberg, und von Arnſtein, den Gott beſſere! bekannt. Arnſtein machte mir noch neulich Vorwürfe, die mein Ge= ſchlecht entehren. Er muß meinem Bruder hinter die geheimen Geſchlechts = Briefe gekommen ſeyn; er hat arge Abſichten. Ich habe Vorbereitungen ge= ſehen, Volrath, die Sache wir bald zu einer bluti= gen Fehde ausbrechen. Suche, daß du zu meinem Bruder kömmſt, und ſage ihm: wann der Mond über den hohen Domen dieſer Einſiedelei gerade in der Mitte der zween vordern Piramidenthürme ſte= het, dann ſoll er ſich mit ſieben Zeugen in das Gei= ßelgewölbe begeben, vor das Grab des Ritters zwi= ſchen den zwo Frauen hinknien, beten und leſen; wo dann nach Mitternacht der Schein durch die ge= malten Heiligen auf den Fenſtern einen blutrothen Rand hinwirft, den Stein ſoll er erheben; das übrige wird er ſelbſt finden — Darauf zog der ſter= bende Heilige ſeine Hand an ſich, und gab mir ſie nie wieder.

Artimes. Die Geſchichte iſt ſchauerlich! — Das wär' alſo der Stein dort bey den eingeſunkenen Al=

tar=

tar = Tritten? Wir wollen uns gleich daran machen!
Wer weiß, wenn der Ritter —

Volrath. Bleib, Artimes! Dazu ist jetzt keine
Zeit. Gestern gieng im Kloster das stille Gemur-
mel, der Vogt wollte die Nacht einen Gefangenen
einmauren lassen. In dem Gewölbe, durch das ich
herab zu dir stieg, liegt wirklich Hammer, Nagel
und Strang, bey einem Brode und Kruge; das ge-
wöhnliche Henkermahl, womit der Vogt die einmauren läßt, welche seinen Absichten schaden können. Es dürfte dir gelten, weil du sein Geheimniß weißt.

Artimes. Gott! ihr mitleidigen Heiligen! einmauren? Der Tod ist erschrecklich; aber das ist
Verzweiflung am Tode!

Volrath. Ermanne dich! hilf mir Fackeln aus
deinem Strohlager winden. Schau, hier zieht ein
finsterer, schmaler Gang durch; am Ende kömmst
du auf ein geheimes Schneckenstiegchen, das steig
hinab. Ganz unten öffnet sich vor dir ein grosser
gewölbter Quaderbogen; er ist der Eingang zu einem unabsehlichen langen unterirrdischen Gang, der
in ein Kloster führt, das eine halbe Stunde von
hier entlegen ist; der Eingang ist mit einem kleinen
Thürchen verwahrt, stark mit Nägeln und Eisen beschlagen; das hilft aber all nichts. Neben, rechter Hand, ist eine geheime Maueröffnung — Gott
erbarme sich unser aller! dicht mit Dornen und Ge-
sträuchen bewachsen, da krieche durch; dann bist du
geborgen.

G Ar-

Artimes. Das gebe Gott, und ſeine liebe Heilige all!

Volrath. Von da eile zu deinem Ritter; gieb ihm deine Zeichnungen von den Gräbern; ſag, er ſolle leſen, was rund umher geſchrieben iſt; ſag ihm alles, was ich dir erzählet habe. Ich bin alt und ſchwach! Auf Wiederſehen in der Ewigkeit! (Er küßt ihn.)

Artimes. Da ſoll dirs frommen! (Er gehet durch den beſchriebenen Gang ab.)

Volrath. So was frommt auch hier noch! — Im Grunde dient man ſich doch immer ſelbſt, mit jedem Dienſte, den man dem Bruder leiſtet. Ich hab ihm gewartet und gepflegt; er hat mir vom Sarazenen = Kriege dafür erzählet; ein wichtiger Dienſt, weil er mir die Sache in einem ganz andern Lichte zeigte. — Das von dem Gott der Liebe verkündete Geſez der Liebe, ſag't er, dürfte kein Mordſchwerdt führen; müßte nur dulden, leiden, ſchweigen, leben und ſterben lehren. Er hat faſt recht! Unſer einer darf darüber nicht urtheilen. Wenn der Mann zu Clermont gepredigt hätte, ich hätte die peinliche Wunden nicht an den Leib bekommen. Ich bin auch von Natur gut; drückte als beide Augen zu, wenn ich mit dem Schwerdt unter einen Trupp Sarazenen ausholte. Ich wollte halt der lieben Chriſtenheit im Oriente Plaz machen, die Ehre der deutſchen Klingen befördern, auch an dem Honig und der Milch lecken, welche die Erbſchaft der Kinder Iſrael überſtrömt, und zugleich meine Sünden abthun. — Was erſcheint dort in der Ferne, wie

ein

ein schwaches Licht aus der nächtlichen Lampe?——— Das Feuer wird immer grösser! — Reisige Männer mit Fackeln! Gewiß wollen sie den Artimes abholen. Gott, laß es dem gewaltigen Bösewicht nicht gelingen! (Er geht ab.)

Die Reisigen erscheinen, und gehen, nachdem sie alles durchsucht haben, in den Gang, wodurch Artimes sich geflüchtet hat.

Die Bühne verändert sich in eine Halbstätte mit einem Verhack umgeben; nahe an der Heerstrasse ohnweit Fustens Burg, die man auf einer Anhöhe siehet.

Auf der andern Seite ein steiler Hügel, oben auf der Höhe eine hohe alte Eiche; rund um die Eiche liegen abgehauene Bäume untereinander.

Unten am Hügel quillt ein Felsenbrünnchen.

Ober Fustens Burg ragt ein Thürmchen einer Einsiedeley hervor.

Zweyter Auftritt.

Witbald und Ratgald, Steinachs Reitleute, und Buben.

Ratgald. (im Eintritt in die Scene.) Buben, dort an dem alten Eichstorre bindet die Pferde an; etwelche bleiben dabey!

Witbald. Daß man sie nicht wieder aus den verwickelten Strengen und Riemen erst loshauen muß, wenns was absetzt! Das Wenigste was der Retter dabey verliert, ist der Vortheil des ersten Ansprungs; das ist schon mächtig viel verloren! Beim

G 2   jähen

jähen Ueberfall iſt Mann und Roß hin! Merkt euch das Buben!

Ratgald. Richtig! das haſt du ihnen ſo klar gemacht, wie die liebe Sonne. Daß heiß ich mir Ritter ziehen! Werden die Buben einſt wehrhaft, und führen ihre eigne Truppe zu Weg und Steg, der Teufel mag es nicht mit ihnen aufnehmen, wenn er hinter dem feſteſten Verhacke ſteckt!

Witbald. Ich hoffe, es ſoll was aus ihnen werden! Sie ſind vom rechten Schlage. Ihre Väter lebten vom Sattel und Stegreif. Die Buben ſaßen ſchon auf den Pferden, ehe ſie reden konnten, und ſpielten mit Lanzen. (zu den Buben.) Merkt auf, Buben! zween von euch beſchwimmen drunten im Thale den Strom; wo am beſten durchzuſetzen iſt, da ſchlagt einen Pfahl ein, ſteckt einen Spieß daran, und ſetzt eine Blechkappe drauf.

Ratgald. Wohl weiſe, und ſehr klug!

Witbald. Da oben ſteht ein alter Lochbaum, von dem man alle Fuhrwege der Gegend überſchauen kann — (er nimmt einen Buben aus dem Haufen.) Steig hinauf, Bube mit deinen Luxaugen! — Nun mögen die Kloſterknechte mit den Weinfuhren Weg einſchlagen wie ſie wollen; die Simpel von Mönchsknechte müſſen uns ins Garn, oder ich habe keine Reiters Seele im Kopfe, und keine Mannkraft im Arm!

Ratgald. Sind ſie nicht vor Tages Anbruch hinter den Kloſtermauren; Mann und Roß und Wein iſt unſer. Und kommen wir dem Mönche an den Wein, ſo kommen wir ihm an die Seele. Auf der
Stelle

Stelle wird er den Maler losgeben. Das hat Ritter Steinach vortreflich ausgeklügelt!

Wilbald. Ein verwegener Streich, dem Ritter Fust seinen Maler aus der Mitte von Steinachs
Burgbann wegzufangen! Das heißt uns einen rechten Spott auf den Burgfrieden bieten.

Ratgald. Was wagen Mönche nicht alles!
Gut macht Muth! Sie sind uns durch die Kreuzzüge übermächtig geworden; haben die Güter, und
wir die Schriften.

Wilbald. Ich habe auch noch einen lateinischen Brief, worinn sie meinen Vater für jede Hufe
Landes hundert Jahre an seiner Buße abgeschrieben
haben.

Ratgald. Soll ihm wohl bekommen, dem alten andächtigen Sünder! Wo Flörsheims Reitleute
doch immer bleiben? Sie wissen doch, daß sie hier
zu uns stoßen sollen. Der Tag bricht mit Gewalt
an. Schau, dort auf der Höhe das Thurmkreuz-
chen der Einsiedeley, wie es so wunderschön beleuchtet ist. Aus dem niederen Buschwerke bricht Fusts
Burg allmählich hervor. Ein herrlicher, fester Bau,
mit seinen hohen Thürmen, schönen Mauern und
Warten!

Wilbald. Es steckt dir ein Ding dehinter, das
noch weit schöner ist — des Ritters Tochter! Wie
meynst du, Bruder, wenn unser einem so ein Jüng-
ferchen zart an der Schnauze krabbelte — das sollte dir weidlich und gütlich thun!

Ratgald. Das Mädchen ist schön und gut.
Ihre Mutter, hab sie Gott lieb, war auch ein

Weib,

Weib, das den Reitleuten das Mus zu ſchmelzen
wußte. So ein Weib und eine Burg auf der An⸗
höhe da oben, von der man vier Heerſtraßen über⸗
ſchauen kann — ich wollte Weib und Straße in
Ehren bewahren, und ließ den lieben Gott walten!

Dritter Auftritt.

Ein Bube, die Vorigen.

Der Bube. Es iſt mir als hörte ich ein Ge⸗
tös aus der Ferne,

Katgald. (legt ſich mit dem Ohr an die Erde.)
Der Bube hat weiß Gott recht! (er hört nochmalen.)
Ganz richtig! dumpf klingende Schellen! Es klap⸗
pert als wenn Fuhrleute bergein führen, und die
Räder mit Reiſern geſperrt hätten.

Der Bube auf dem Baume. Dort auf der
Anhöhe zappelt etwas das Gebüſch herunter! Eine
große Wolke von Staub — Sie ſinds! Es blinket
rüſtiges Zeug heraus; laßt mich auch mit! (Er will
herunter.)

Witbald. Bleib droben, Bube! Sind ſie ſtark
geleitet?

Der Bube. Eine ſehr lange Staubwolke — ſie
machen einen langen Zug thalein.

Katgald. Dieß⸗ oder jenſeits des Fluſſes?

Der Bube. Jenſeits. Jetzt ſchwenken ſie ſich
linker Hand gegen Brombach zu,

Wit⸗

Witbald. Ha! just recht, da müssen sie durch die Fuchshöle.! Da giebts eine herrliche Patsche! Geschwinde die Pferde, Buben!

Ratgald. Gott stärk' meinen Arm!

Witbald. Im lichten Galopp über sie her! (Sie wollen fort nach ihren Pferden.)

Vierter Auftritt.

Kurt mit Flörsheims Reitern. Die Vorigen.

Kurt. Wohin Brüder, mit bloßen Klingen?

Witbald. Ueber des Abts Weinfässer!

Kurt. Halt! Seyd ihr ehrbare Reutleute? — Man darf noch nicht angreifen — Gottes Friede ist noch nicht ausgeläutet worden; ihr fallt sonst in des Kaisers Acht, und des Bischoffs Bann.

Ratgald. Was Bann! was Acht und Oberacht! Das mag der Schulmeister in seiner Schlafmütze verantworten. Die Sonne ist überm Berg; warum läutet der Schurke nicht?

Witbald. (zu seinem Haufen.) Fort Brüder! so eine Gelegenheit giebt es in der Welt nicht mehr, den Mönch durch seine eigene Weinfässer zu befehden!

(Witbald, Ratgald und ihre Leute dringen sich durch.)
(Ein Bube von ihnen bleibt zurück, und sucht Lanze und Blechhaube.)

Der Bube. Meine Lanze, meine Blechhaube! welcher Schurke hat mir sie versteckt?

Kurt.

Kurt. (zu ſeinem Haufen.) Sie haben faſt recht; mir iſt beinah ſelbſt kein Aushaltens mehr! Wie ſchön könnten wir die Kerls über die Fäſſer prellen, und die gute alte Brühe aus dem Helm ſaufen! — Läut' Schurke! weck dich der Teufel! bis der Kerl ausgegähnt hat, ſind die Fuhren im Kloſterhofe.

Der Bube. Dafür iſt geſorgt, edler Knecht! — Ich und meine Geſellen haben die Nacht unten an der Fuchshöle nach dem Kloſter zu, wo St. Peters Maal ſtehet, den Weg tief abgegraben.

Kurt. (hebt den Buben in die Höhe, küßt und drückt ihn.) Bube, laß dich halſen! Da ſchau um dich her — In zehen Jahren ſind all die Burgen euer, und die Edelknappen da oben, die in der Mutterſchooß am Honigbrod lecken, ſtriegeln euch die Pferde in der Frohn.

Der Bube. Gelt! das iſt ein ſchönes Stück-chen?

Kurt. Wiſſen das eure Leute?

Der Bube. Nein, wir thatens vor uns!

Kurt. (zu ſeiner Truppe.) Geſchwind Brüder! das wird ſie zurückhalten. Sie brechen ſonſt, weiß Gott! Gottes Friede; werden ehrlos und rechtlos, wie Räuber und Mordknechte. Ich wollte lieber mit Helm und Kuraß unter dem lumpen Frohnge-ſinde in der Hölle ſitzen, als ſo eine Schmach über unſre vereinte Trupp erleben! (ſie gehen ab.)

Fünf-

Fünfter Auftritt.

Landschaden von Steinach, und **Orbald,** Steinachs ältester, vertrauter Reiter.

Steinach. Er sollte schon lange mit seinen Knechten und Buben hier halten. — Hast du ihm gesagt, daß ich durch Niederwerfung der verkundschafteten Weinfuhren, Fusis Mahler frey machen, und den Schimpf meines verletzten Burgfriedens rächen wolle?

Orbald. Alles, edler Herr, alles.

Steinach. Und was sagte Flörsheim?

Orbald. Nichts — Er —

Steinach. So was ahndete mir! Gut, daß ich selbst zur Stelle ritte, Anstalten zu treffen.

Orbald. Er gieng nach der Seite der Burgeställe ans Fenster, und schrie gewaltig hinab: sattelt auf!

Steinach. Die so groß schreien, thun wenig, wollen nur blenden. Der wahre, biedere Mann schreit nicht, wirkt nur! Ich hätte seiner Hülfe gegen die paar Spießreiter nicht nöthig gehabt; ich kann aber der Sache nicht abwarten, und du mußt mir einen feierlichen, wichtigen Dienst leisten.

Orbald. Einen wichtigern, als ein guter Ritt?

Steinach. Wichtiger, weil er der letzte wäre. — Ich erwarte den Vogt des Abts auf der Dingstätte, im Kampfgerichte vor der heiligen Zeit; oder er wird mit Untergang der Sonne, die da hervorglüht, beim Wirbel der Heertrommeln und beim Schall der

G 5

Poſaune zum ehrloſen, rechtloſen Schurken bis in ſein Grab. In deiner Abweſenheit hab ich ihn drei= mal ſo feierlich aufmahnen laſſen, als es Sitte iſt.

Orbald. Aus was Urſache?

Steinach. Sein Abt will die Pfandgüter nicht abtreten, die ich für den Ritter Fuſt auslöſen will; behauptet ſie ſeyen ſeinen Heiligen nicht verſetzt, ſondern verkauft worden. — Der Zwiſt muß nach Ritterrecht mit dem Schwerd entſchieden werden.

Orbald. Das wollte Steinach für Fuſten zie= hen?

Steinach. Du ſtaunſt? Wägſt mich mit den Augen?

Orbald. Doch nicht für den Fuſt, der euch die Summen, womit ihr ihm in dringender Noth ausgeholfen habt, plötzlich zurück ſandte, und ſchimpf= lich entbieten ließ: ſeine Tochter ſey um all das ſchlechte Geld nicht feil, das euer Vater mit Raub und Beſemhenken auf der Landſtraße verdient habe.

Steinach. Ja, für den Fuſt —

Orbald. Wollte der weggeworfene, beſchimpfte, beleidigte Freund Ehr und Leben wagen?

Steinach. Was der Mann verſprach, muß der beleidigte Freund halten, und der Ritter aus= führen.

Orbald. Groß gedacht — ſehr groß! — So was muß man preiſen. Die That wird man noch anſtaunen, wenn euch die Naſe auf dem morſchen Grabſteine weggefault iſt.

Stei=

Steinach. Und doch nur That für die Ehre meines Wortes, das Interesse meiner Liebe, nun meiner Schwermuth.

Orbald. Sey es was es wolle; ich hätte dem Alten längst den Hals gebrochen!

Steinach. Auch ich, wenn ich Orbald wäre; aber Steinach schont des Vaters wegen der Tochter. Ich habe dem alten Theiß eine schuldige Gülde versagt, daß er Fusten seinen Schirmherrn gegen mich auffordern sollte; wär's gelungen, ich hätte meine Waffen mit ehrvoller Fuge vor ihm niedergelegt, ihm die Hand über Schild und Schwert zum gütlichen Gespräche freundlich gereicht, und hätt' er sie weggestoßen, ich hätte mich sogar in Ritterehre von ihm niederwerfen lassen, um nur noch einmal zu ihr auf die Burg zu kommen. Was auch immer hinter dem erschrecklichen Geheimnisse stecken mag, untreu ist sie nicht. Einsam sitzt sie vielleicht auf der Wehr= mauer hinter einer Schußgatter, seufzet, und schaut mit nassen Augen nach meiner Burg; ein grades, biederherziges, holdes, trautes Weib; mein Weib — wie war ich so groß, und reich, als ich das erste= mal dies m e i n sprach. Du hast mich nach meines Vaters Tode auf seine Geldkiste gestellt, mir von der herrlichsten Burg meine Dörfer und Weiler rund umher gezeigt, und ich war arm gegen jenen Augen= blick. Sieh nun plündert mich Angst und Sorge sie zu verlieren nackt' aus. Bey dem entsetzlichen Gedanken bin ich nun arm und elend genug zum ster= ben. Sterben wäre mir itzt lieber, als tödten, Du mußt mich heute bis zum Kampfgitter beglei= ten;

tens; wenn ich falle, ſo ziehe mein Helmgitter zu,
lege mich mit verſchloſſener Rüſtung in die Bahre,
und ordne meine Leiche.

Orbald. Das kann ich nicht, edler Herr.

Steinach. Den Dienſt wollteſt du mir ver-
ſagen?

Orbald. Daß mich die Reitbuben rund umher
auslachen, wenn mirs aus'm Helm hervor bricht,
und ich weine und ſchluchze wie ein Weib.

Steinach. Wer kömmt da den geheimen Pfad
herab von Fuſts Burg?

Orbald. Vielleicht der arme Theiß; er keuchte
den Berg hinauf, als ich hieher kam.

Steinach. Wie oft alles auf einen Tag zuſammen trift!—— Nein, es iſt Flörsheim.

Orbald. Der hat ſich doch wohl die Klinge
auf der Burg nicht wetzen laſſen!

Sechster Auftritt.

Flörsheim, Steinachs Vertrauter. Die Vorigen.

Flörsheim. (im Eintritt in die Scene.) Lauter
Pferdeſchaum an den Stauden! überall friſche Huf-
tritte an dem Gepicke her! Da muß ſchon ein ſtar-
ker Zug thalein geritten ſeyn. (er ſieht den Steinach.)
Ha, Steinach! waren meine Leute da?

Steinach. Nein.

Flörsheim. Sie mußten mir doch in der Nacht
noch auf den Sattel, als ich die Mähre von den

ver-

verkundschafteten Weinfuhren erhielt. - Für die Sache meines Freundes Steinach weil' ich nicht.

Steinach. Dank, Flörsheim! Der Umweg
über Fusts Burg, durch die schroffen Felsenstaigen,
fördert doch nicht sonderlich.

Flörsheim. Derber Mann! Du schielst heute
so unfreundlich unter deinem Visir hervor.

Steinach. Orbald sitz auf, und sammle mir
unsre besten Leute dort hinter das Gebüsche; der
Ort ist dicht und schatticht von Bäumen und Busch-
werk, zur Nachstellung sehr gelegen. (Orbald geht
ab.)

Flörsheim. Indessen wollen wir uns hier auf
die Ruhe niederlassen. (er setzt sich.) Sie verfällt
ganz, ist schon sehr alt; Fusts Vater hat sie für
den müden Wanderer hieher gestiftet. Er soll oft
gescherzt haben: er traute sich ehender dadurch eine
Sünde mit dem Himmel abzuthun, als mit Stif-
tung eines ganzen Mönchsklosters.

Steinach. Dafür werden sie ihm in seiner Bahre keine Kutte über den Harnisch gezogen haben, die
ihn gegen den Teufel verwahret.

Flörsheim. An Kutte und Teufel reibst du
dich aus lauter Mißmuth! Komm her an die Quelle, lieber Steinach, bey dem sanften Gesprudel und
stillen Gelispel wirds einem weich und menschen-
freundlich ums Herz.

Steinach. (für sich.) Wildes, tiefes Gewühl
abstürzender Ströme, vorüber rauschender Stürme,
lautes Krachen gebeugter Eichen, rollender Donner,
und dann eine Mannsschlacht darzwischen, daß alles

er-

erſchlagen, zerſchmettert, gewürgt, und vernichtet würde — das wäre jetzt etwas für mich!

Flörsheim. Was wäre uns ſo eine Quelle im heißen Orient werth geweſen, als wir Eſel = und Pferdeblut tranken, feuchte Erde über die brennende Bruſt ſchlugen?

Steinach. Nichts. (er will fort.)

Flörsheim. Wohin, Steinach?

Steinach. Der Aufenthalt hier thut mir we= he! — — Dort, wo du ſitzeſt, ſah' ich ſie das er= ſtemal — ſehe ſie noch da ſitzen, mit dem Tuch in der Hand, weinen zu den Thränen der armen Hir= tin, die den Klauenthaler für die Heiraths = Erlaub= niß nicht aufbringen konnte — Vor ihnen lag ein Hirtenhund an einem weiſſen Riemen.

Flörsheim. Schön, Steinach! Wie du das ſo morgenländiſch ſchön zuſammen geſchwärmt haſt! Da ſage mir einer, wir hätten nichts aus dem Lan= de der Bilder, Träume, und Abendtheuern mitge= bracht!

Steinach. Hab ich dir's ſchon geſagt, wie ſie roth ward, als ſie mich um eine Beiſteuer für die arme Dirne anſprach; und die Augen niederſchlug, vor lauter ſchöner Sittſamkeit?

Flörsheim. Schon oft.

Steinach. Auch wie es ihr hart ſchwer fiel, als ſie meine Helmzierde loben wollte?

Flörsheim. Oft, ſehr oft.

Steinach. Und wie ich vor ihr ſtand: ſittlich, züchtig, und ehrbar, wie der Lehenmann, vor ſei= nes Herrn Lehngericht?

Flörs=

Flörsheim. Hundertmal!

Steinach. So ein wohlgeberbiges, wehrloses, biederherziges, erzgutes Geschöpf giebt es in aller Welt nicht mehr! Glaubst du das, Flörsheim?

Flörsheim. Ich glaube alles.

Steinach. (für sich.) Ha! das kann er nicht ertragen, wenn ich sie lobe. — Sie hat ein geschämiges, züchtiges Wesen an sich, das wissen alle Heilige. In ihrer Gegenwart trau ich mir nicht, an den vollen Busen und prallen Waden zu denken. Ein Paar grüßbare Augen — Mund, Hand —

Flörsheim. Alles, alles was der Gürtel beschließt, ist gut an dem Mädchen; ist vortreflich über die Maßen!

Steinach. (fährt gegen ihn auf.) Flörsheim! was hast du an dem Gürtel des Mädchens zu thun? Mir wurmt was hier unterm Küraß! Man hat dich mehrmalen durch Nacht und Nebel den geheimen Burgweg herunter reiten gesehen — Mir thut man die Burg nicht mehr auf!

Flörsheim. Ich, der dir so manchen Sarazenenhieb aufgefangen hat, ich könnte —

Steinach. Nichts vom Sarazenenkrieg: Bleib bey der Klinge. — Fust schickte mir sogar das Geld, das ich ihm ganz geheim geliehen habe, mit Hohn und Spott zurück. — So beträchtliche Summen kann nach mir nur der reiche Flörsheim aufbringen, dessen Vater auf einer Klepper, mit einem Sacke hintenher, im Lande herum ritt, und Zinsen und Gülden auspreßte, als sich andere wackere Edle für

Kirche

Kirche und Vaterland im Felde herumſchlugen. ⸺
Antworte mit bloſſer Klinge! ⸺

Flörsheim. Nicht ſo zudringlich! Erſt gütli=
ches Geſpräch ⸺

Steinach. Nichts Geſpräch! Hat dich das
Weib gegen die Klinge ſo ſchüchtern gemacht?

Flörsheim. (für ſich.) Er iſt in den Augen=
blicken, worin jeder vernünftige Mann ein Thor iſt.
Man muß nachgiebig ſeyn, daß einem Gott ſeiner
Zeit auch gnädig iſt. ⸺ Steinach, haſt du den Abt
von Sponheim, nicht am letzten Frohnſonntag nach
der Hochmeſſe auf öffentlichem Kirchhofe vor dem
ganzen Kirchſpiele, zum Kampfgerichte wegen Fuſts
Gütern auffordern laſſen?

Steinach. Was ſoll das zur Sache?

Flörsheim. Sehr viel! Fuſt liegt droben an
ſeinem alten Sarazenenſchaden ſchon eine Zeitlang
wund und krank. Adelheid hat nun alle Gewalt
auf der Burg; ſie iſt die geiſtliche Schweſter des Ab=
tes, die Vertraute ſeines Vogtes; hat auch Pfand=
güter von ihrem Bruder, deren Auslöſung ſie be=
fürchtet; iſt überdies deine Feindin ⸺ ⸺ Itzt ſteck
ein, und beantworte dir ſelbſt die Frage: warum
man dir die Burg nicht aufthut?

Steinach. Meine Feindin? ⸺

Flörsheim. Du haſt ſie nicht verſtanden, als
ſie für den argloſen Streich, den ihr einſt dein
Oheim beim Stechen ſpielte, von dir entſchädigt
ſeyn wollte. Der junge von Arnſtein verſteht ſie
beſſer! Wie ein alter Drache liegt ſie hinter dem
Gemäuer da oben, und hütet für die von Arnſtein
die

die Burg, welche der Vogt zu Fusts versetzten Gü=
tern in Anspruch nimmt. Seine verkappte Knechte
hüten sie rund umher aus dem Gebüsche, um mit
Fusts letztem Odemzuge gleich den ersten besten Be=
siz davon zu ergreifen. Ich komm' so eben von
Späh und Kundschaft.

Steinach. Flörsheim laß dich drücken und hal=
sen! Verzeih, ich war eifersüchtig — wer wünschte
nicht so ein trautes, liebes Ding für sich allein zu
geniessen!

Flörsheim. Ich hör ein Getös aus der Ferne,
wie eine Mannsschlacht — Pfeil, Köcher, Spieße
und Schilder rasseln untereinander.

Steinach. Die Hörner von Sponheim! —
Unsere Leute werden doch nicht — man hat Gottes
Frieden noch nicht ausgeläutet.

Flörsheim. Hörst du nicht dazwischen läu=
ten? — Wie das so fürchterlich durch die dicke
Wildniß daher dringt!

Steinach. Gottesfriede!

Flörsheim. Segen über jede gerechte Fehde!
(er zieht das Schwert.)

Steinach. (er zieht auch sein Schwert.) Der sey
mit uns! (im Abgehen.) Unsere Pferde, Buben!

Ende des ersten Aufzugs.

H Zwei=

Zweiter Aufzug.

(Die Bühne ſtellt eine gemeine Burgſtube vor.)

Erſter Auftritt.

Bertha (allein.)

Er kömmt nicht! Wie viel raſtloſe Nächte, Seuf=
zer und Thränen hat mich dieſer Gedanke ſchon ge=
koſtet! Ich habe immer geglaubt, Liebe ſey Wonne,
lauter Wonne, Seligkeit rund umher, wie die Stra=
len um einen Heiligen! Ach! nun fühl ichs: Liebe
iſt Leiden; ſie macht bange, ſchwer, krank; es legt
ſich mir ſo aufs Herz, und greift mein ganzes We=
ſen an. Ich wache wenn ich ſchlafe, und träume
wenn ich wache. Fürchterlicher Traum! Nein, er
liegt nicht unter ſeinem geſchloſſenen Helm im Wall=
graben; hat nicht ausgeröchelt und ausgeblutet; iſt
nicht todt, ſonſt hätte ſein Geiſt ſchon längſt den
Mauren ſanft hingeſprochen: komm Liebe! komm
Bertha! — Er hätte ſich bey mir gemeldet. Seelen,
die einander ſo lieben, ſo anziehen, können nicht
ungemeldet abſcheiden; melden ſich doch Väter und
Mütter, Bruder und Muhmen bey denen die ſie
lieben — und ich liebe ihn gewiß mehr als Muhme
und Vater! Das ſollt ich vielleicht nicht? Aber das

Herz

Herz befiehlt, und Bertha muß gehorchen — ge=
horchet gerne!

Zweyter Auftritt.

Adelheit, Bertha.

Adelheid. Schon so frühe auf, Bertha? dich
hat auch das fürchterliche Gebrüll aus dem Schlafe
geschreckt?

Bertha. Ja, Schlaf! Ich wachte hellauf! Der
Morgenstern schimmerte so blaßängstlich durch das
Moos und Epheu an meinem Fenster; das machte
mir das Herz schwer! Kaum war er verschwunden,
so kam ein fürchterlicher Schall mit einem erschreck=
lichen Windstoße durch die Wildniß vom Kloster
her. — Das wird heute wieder ein böser Tag wer=
den! — noch schwerer als der gestrige!

Adelheid. Was ich noch oben drein beobachtet
habe: — die Eulen und Zaubervögel machten sich
alle aus den Steinritzen, und umfloßen mit ängst=
lichem Krähen unsere hohe Warten.

Bertha. Gott steh' uns allen bey!

Adelheid. Kind, das bedeutet nur die Todten,
die heute im Kampfkreise bey dem letzten Kampf=
gerichte fallen werden.

Bertha. Nur? liebe Mühme! vielleicht nur
einen guten Vater, von lieben unglücklichen Kindern;
oder nur einen treuen Bruder einer siechen Schwe=
ster; vielleicht gar einen geliebten Liebhaber einer
unglücklichen Braut!

H 2   Adel=

Adelheid. Aber das ängſtliche Zwitzern der Mauer = Schwalben und ihre Kreuzflüge — das fürcht ich, das gilt uns!

Bertha. Nicht doch, liebe Muhme! die freundlichen, frommen, häuslichen Thierchen bedeuten uns gewiß nichts Uebels. Sie nähren, ätzen, ſchnäbeln, lieben einander in aller Frühe. — Das ſehe ich recht gerne!

Adelheid. Das ſiehſt du gerne? Du ſiehſt das gerne? Bewahre Gott alles was gut iſt! Alle Chöre der keuſchen Jungfrauen mit Sang und Klang ſteht mir bey! Das iſt noch weit häßlicher als eine Prieſter = Ehe! Unglückliche Adelheid, wo haſt du das verdient? — Die einzige Tochter aus dem reinſten, ehrbarſten, züchtigſten Geſchlechte im ganzen Gau, ſchleicht heimlich nach den Löchern und Mauerritzen, ſpäh't der Liebe nach!

Bertha. Mein Vater ſaß oft ſelbſt bey mir, oben auf der Wehrmauer im ſteinernen Vorſprunghäuschen, und erklärte mir, das Männchen — — —

Adelheid. Stille, Stille! Amen, Amen, Stille! — (für ſich.) Das kömmt mir an die fangbare Seite!

Bertha. Das Männchen ſetzte ſich den Schafen auf den Rücken, rupfte ihnen die Wolle aus, um ſeine Jungen mit dem Weibchen ſanft zu legen, da indeſſen das Weibchen den Jungen nach ſo feiner Ordnung pflegte, daß es das Jüngſte allzeit unter ſeinen Flügeln am nächſten am Herzen hätte. — Dann ſchloß er: ſo mußt du auch einſt eine gute Mutter werden!

Adel=

Adelheid. Das läßt ſich andächtig hören und gottſelig betrachten! — Da hoft der alte Sünder von Vater mit der Tochter vor den Ritzen und Löchern, und giebt ihr Lehren von unvernünftigen Thieren, in denen der Teufel ſelbſt ſteckt! Wer ſonſt lehrt ſie den Schafen die Wolle vom Leibe ſtehlen, und andere unbegreifliche böſe Dinge mehr? Man hört nichts Gutes mehr! Kein Wunder, daß die Werf= und Querfäden an deiner Arbeit ſo hexenmäſ- ſig untereinander gewirrt ſind; daß dir alles, was du backen willſt nicht aufgehet. — Ich will nicht urtheilen; aber du kommſt mir mit deinem Vater verdächtig vor! Das ſteinerne Vorſprungshäus- chen ——— behüten mich alle Heilige, daß ich ur- theilen ſolle. — Da kommt er! — So frühe hat er auch in der Schlafſtube ſeiner Tochter nichts zu thun! ——— Ich will an meinen Morgenſegen ge- hen; um einer Gerechten willen ſchont oft Gott ei- ner ganzen Burg.

Dritter Auftritt.

Ritter Juſt, Reinald, die Vorigen.

Juſt. (im Eintritt zu ſeinem Waffenträger.) Mein Jagdzeug! — Reinald, ich komm ihm heute auf den Pelz, dem fürchterlichen griesgramen Teufel! — Dem Bruder Paul auf der Klauſe riß er den Schul- ter = Mantel vom Leibe weg, als er eben Steine ausgrub, und Wurzeln ausbrannte. In der Ar- beit hätt' er mir den Mönch nicht ſtören ſollen! Und

H 3   dem

dem armen Walter fraß er gar den ſchönen, dicken,
rothen Buben! Die arme Mutter! — Mädchen,
ich wollte du hätteſt ſie da, daß du ſie tröſten könn=
teſt; ich wollte dir treulich helfen.

Reinald. Dann kämen wir nicht hinter den
Wolf! Weiber tröſten, iſt ſo ein Ding! man möch=
te ſich allezeit ihrer erbarmen. Wenn ſie gar noch
weinen —

Adelheid. Zum Morgenſegen von Wolf, Jagd
und Teufel! — Den erſten Tag deiner Geneſung
ſollteſt du mit Beten und Singen heiligen!

Juſt. Unausſtehlich! bey meiner Chriſtenſeele,
unausſtehlich! — Wer wird denn ſingen, und die
Wölfe laufen laſſen, daß ſie den armen Leuten die
Kinder freſſen. — Der tapfre Herzog Gottfried ſprang
bey Antiochien zwiſchen Wolf und Pilgrim, ließ ſich
die Schenkel aufreiſſen, um den müden Wanderer zu
retten. Schweſter, das heiß ich mir den Text ausle=
gen: du ſollſt deinen Nächſten lieben, wie dich ſelbſt!

Bertha. Lieber Vater! —

Juſt. Gute Tochter! —

Bertha. Laßt heute Pfeil und Bogen an der
Wand hängen, und bleibt bey uns. — Es ließ ſich
in der Frühe ein Gebrüll aus dem Walde hören, das
lautete ſo fürchterlich, als rief der rauhe Tod über
die ganze Gegend: ich hole euch alle!

Adelheid. Wenn gar noch ein Blutregen dazu
käme!

Juſt. Narrheiten, Weiber! Narrheiten, ſag
ich! Es waren die Hörner von Sponheim. Ein
Trupp bedrängter, nothfeſter Ritter wird dem un=
ruhi=

ruhigen Mönche über dem Schoorkopf liegen! Das
ist ja lustig, Weiber! — Laß dich halsen, Bertha!
Mein Frühstück. — (*Bertha geht ab.*) Bey Gott!
einen Jungen sollt ich haben, der ein Schwert hät=
te zum siegen, wie das Mädchen ein Gesicht hat —
zehen Meilen müßte der Abt mit seinem Kloster wei=
ter rücken.

Adelheid. Ich meyne, Bruder, du hättest auch
wichtigere Geschäfte, als den Wölfen nachzulaufen.
Der Abt will heute deinen Entschluß wissen, ob du
deine Tochter dem Sohne seines Vogts geben, oder
die Burg, die zu deinen verkauften Gütern gehört,
räumen willst?

Just. Das werden ihm die Ritter Just von
Stromberg und Landschaden von Steinach mit der
Klinge in der Hand beantworten.

Adelheid. Nicht so dreist auf die Klinge ge=
pocht, Bruder! Des Abts wehrhafte Dienstleute
haben auch Klingen.

Just. An die Spindel, Weib! laß das Män=
ner ausmachen, wer die besten führt!

Adelheid. Der Abt wäre vieleicht nachgiebiger,
Bruder, und wollte dir die Streitgüter zum Mann=
lehen leihen, wenn du dem Sohne seines Vogts die
Tochter gäbest. So ließ sich die Sache gütlich und
freundlich schlichten!

Just. Ich sollte des Abts Mann werden? —
vieleicht gar dem Mönche hinter den Stuhl stehen,
und ihm die Mücken wehren? — Wer auch seines
Genossen Mann wird, erniedrigt sein Heerschild.
Das versteht ihr Weiber nicht!

H 4

Adel=

Adelheid. Er ließe ſich etwa auch noch dazu bewegen, den jungen von Arnſtein und deine Tochter damit zu belehnen; und wo ſonſt einen Mann für das Mädchen hernehmen? Es ſind harte Zeiten! Die Kreuzzüge haben leider viele weggerafft; dazu die tägliche Fehden, Kämpfe und Turniere; item werden auch alle Jahre weniger Männlein geboren als Weiblein — So was berechnet ihr Männer nicht! bey allen ungeſtümmen Anfällen, ſchweren Kämpfen, harten Stoßſeufzern, und unruhigen Wetter=Kalendern, die ſo manche verwaiſte Keuſchheit in einem Burgwinkel unter den Flüchen ihrer Brüder wegbeten muß, ſo was berechnet ihr nicht. Bruder, traue Steinachen nicht! Er wird es nicht mit dem Abte aufnehmen; von der Zeit an, als ſich der Abt feindlich erklärt hat, meidet er deine Burg.

Fuſt: Dahinter ſteckt etwas anders! Steinach iſt ein Ritter; ein Ritter kann kein Schurk werden; und wenn ers würde, dann werden hundert andere, edle, ſchmucke Jungen, Lanzen um meine Tochter brechen! Das Mädchen iſt ſchön, und über die maßen wohl geſtaltet, dazu holdſelig in aller Augen, und gar lieblich anzuſehen. So ſitzt keine Edle mehr im ganzen Gau. Wer ſie haben will, muß meine Güter auslöſen, und dem Abte mit dem Schwert vor öffentlichem Kampfgerichte bis in ſeine ſchwarze Seele beweiſen: daß ich dieſelbe nur verſetzt, nicht verkauft habe, als ich mich mit dem Kreuze bezeichnete, von ſeinem heiligen Abſchied nahm, und gegen die Sarazenen zog. — Dazu, Schweſter, iſt ein nakter Dienſtmann des Abts, der ſich von auf=

ge=

gebrungenem Geleite und erpreßtem Zolle auf der
Landstraße ernähren muß, der Mann nicht. Und
könnte er dem Abt den Pfandschilling in klingender
Präge unter die Nase hinzählen, so bekömmt er
doch Bertha nicht! Ich gebe meine Tochter nicht
auf eine Burg, wo mehr Gefängnisse für Niederge=
worfene und Beschädigte, als Zimmer für Gäste
und Freunde sind. Das Mädchen kann nicht unter
Unglücklichen wohnen; sie hat ihres Vaters Herz
im Leibe; ein Herz zum fühlen und leiden — aber
keinen Arm zum helfen. Jetzt kein Wort mehr
Schwester, vom zuchtlosen Gesellen, der Arnstein
heißt.

Adelheid. Der Vogt muß seinen armen Hei=
ligen schützen, das thut er allzeit nach Ritterrecht.

Just. Nach Ritterrecht, Schwester? — Ich
hab' unsern Vetter, den heimlich erschlagenen alten
Flörsheim auf der Bahre aus Maul und Nasen
bluten gesehen, als der alte von Arnstein hinzutrat,
und den Körper berührte: der Mörder konnte das
Bahr = Recht nicht aushalten! Der Abt hat seinen
grossen schwarzen Mantel darüber gedeckt — aber
kluge Männer schauen durch und durch!

Adelheid. Bruder brich mit dem Abte nicht! —
Sie werden dir einen alten lateinischen Brief über
den Verkauf deiner Güter vorlegen; die Schrift ist
hoch und theuer bekräftiget, fängt mit dem Ende der
Welt an, bedrohet den jüngsten Tag, hört mit
Erlösung deiner armen Seel' auf, ist mit Bann und
Fluch erschrecklich verwahrt!

H 5

Just.

Fuſt. Gebannt, gefluht oder ungefluht! —
Sie ſind falſch alle ihre Briefe! — Ein lateiniſcher
Brief? Juſt recht! Lateiniſche Briefe erweiſen nichts
für Pfaffen, die ſie ſelbſt gemacht haben.

Adelheid. Der Brief iſt von fünf Altarleuten
und drey Rittern von gleicher Schildgenoſſenſchaft
unterſchrieben und beſiegelt; die wirſt du denn doch
nicht verwerfen wollen?

Fuſt. Sie ſind mir ehrbare, biedere Männer!
aber fromme deutſche Laien ſind keine Zeugen für
lateiniſche Briefe. Sie bezeugen aus Andacht was
ſie nicht verſtehen. Ein Wort mehr oder weniger
am rechten Fleck angebracht oder verändert, macht
hier einen Unterſchied, wie ein Hieb mehr oder we=
niger übers rechte oder linke Ohr.

Adelheid. Der Abt hat noch einen andern
Brief, den er zur Ehre unſers Geſchlechts zurück
halten will.

Fuſt. An Briefen fehlt's ihnen nie; ſie haben
ja ſonſt nichts zu thun. Seltſam! wer mein Pfand
als eigen anſpricht, wird die Ehre meines Ge=
ſchlechts ſchonen? Der Abt iſt ein Schurke! Man
ſollte zwar die Mönche ehren um des Betens willen,
das aller Welt nützt; ich wollte aber, alle Welt
könnte für ſich ſelbſt beten, daß man ſie gar nicht
nöthig hätte.

Adelheid. Ich will es noch erleben, daß ſie
ſich mit ſchwarzen Kerzen im Chor über dir verſam=
meln, und den Fluch Judas über dich herſprechen.
Der Abt iſt ein ſo überaus andächtiger Mann,
Gott hab ihn ſelig! was hat er nicht ſchon alles

für

für seinen Heiligen gethan! Er hat die Straßen zur Wallfahrts = Kirche gebessert und gebauet; — einen köstlichen steinernen Bau für die Kaufleute, die mit Waaren dahin kommen, aufgeführt; — das Waidwerk durch den ganzen Königsbann zu der gottseligsten Absicht an das Kloster gebracht, daß die Brüder auf die Thierhäute die heilige Psalter schreiben können. — Nun will er aus seinem eigenen Sparhafen ein Nonnen = Kloster gerade gegen die Abtey über bauen lassen.

Just. Dem Dinge wohl! — Wenn's nur keine Maulwurfsarbeit unter der Erde her giebt!

Adelheid. Ich verstehe dich, arger Wollüstling! — dir zur Kränkung will ich all meine Habe den Heiligen vermachen, und ein Kloster zur Züchtigung der Buhlerinnen und Lustdirnen stiften.

Just. Just recht! eine öffentliche Beichte, was die Stifterinn für eine Sünde mit dem Himmel auszusöhnen hatte.

Vierter Auftritt.

Bertha, Theis, zween Bürgen, Vorige.

Just. Was bringst du da für ein wehmüthiges Geschöpf, meine Bertha?

Bertha. Er sagt', er wäre arm und unglücklich.

Just. Arm und unglücklich! Dem Manne muß ich entgegen gehen.

Adel=

Adelheid. Er ſieht mir einem rechten ſchäblichen, gefährlichen Kerle gleich! — Mädchen, laß mir das laufende, fahrende Bettelgeſind vom Halſe! Ich kann heute ſo nicht an meine Morgenandacht kommen. Ich habe Hunger nach Erbauung, und ſchmachte nach ſeligem Hinſchweben in die unſichtbare Welten des Lichts.

Bertha. Liebe Muhme, die Armen gehören zur Andacht —

Fuſt. Schön, meine Tochter! — Es iſt leichter andächtig murmeln, als rechtſchaffen und menſchenfreundlich handeln.

Adelheid. Gehören nicht! — Wie kann ich denn da unterſuchen, ob ſie all ihre grade Glieder haben? aus Schuld, Sündenſtrafen, Faulheit oder Unglück arm ſind?

Theis. Wir ſind es aus Unglück, edle Frau. All unſre Schuldner ſind uns eiſern geworden, und mit Zahlungs = Ausſtand gegen die Sarazenen gezogen.

Adelheid. Ihr hättet ihnen nicht borgen ſollen.

Theis. Leider! und dann die Krankheiten — der groſſe Brand —

Fuſt. Nur deine Noth, guter Mann! die Urſache will ich nicht wiſſen.

Theis. Wir wohnten in einem ſteinernen Hauſe; hießen Edle. Nun liegen wir mit einem alten kranken Vater zwiſchen vier Pfählen, auf einem Gütchen. — O Herr! das iſt ſo mager und arm! giebt Hüner und Kappen nach St. Ulrich: Altar = Gülde nach St. Veit; Oel = Zinſen in die Lampe nach St.

Ge=

Geret; Beed = und Hufen = Zins unsrer lieben Frauen im Thal; und bey der Abtissin allda ist alle Tag Frohntag, von der Zeit an, als der Rhein ihrem armen Heiligen die Kirche abgefressen hat.

Just. Armer Mann! Ich hör's, du bist auch Schweis und Blut den armen Heiligen, und dem Tode die mürben Knochen schuldig.

Theis. Ja wir sind ihnen viel schuldig! Gott erbarms! Können aber nicht mehr liefern. Wir haben einen armen kranken Vater: — ihr solltet ihn sehen! — Einem Heiligen könnte man was abzwacken, und es dem armen Manne geben. Dem hab ich zur Stärkung die Zinß = Hüner gekocht, und ihn mit dem Beed = Wein gelabt —

Adelheid. Da habt ihr's: das Frohn = Gesind frißt die Hüner und sauft den Zinß = Wein!

Just. Wenn ich nichts mehr hätte, als mein Türken = Zelt, mein liebstes Spielwerk, fort müßte es! — Wie viel Geld braucht ihr?

Theis. Ich bitte nicht um Geld, edler Herr! — wir sitzen in euren Zwingen und Bannen: Ich bitte unsern Herrn um Schirm und Hilfe. Ritter Steinach ist unserm Vater noch eine Gülde von den Kreuzzügen her, schuldig; damit könnten wir uns fein schön helfen. Er ist aber arg und böse genug, sie zu versagen.

Just. Steinach dir eine Gülde! und versagt? — Unmöglich! Ich hab ihn für die ganze Christenheit bluten gesehen; und an dir, einzler Warm, könnte er ungerecht seyn?

Adel=

Adelheid. (für ſich.) Das hat gewirkt! Stei=
nach fällt ihm für den Gruß, den ich ihm anbieten
ließ, ſeine arme Leute an.

Bertha. Das kann Steinach nicht!

Theis. Als er das Geld borgte, edler Herr,
gelobte er: wenn er nicht mit der Zahlung einhielte,
in eine Herberge gegen Kreuznach einzureiten, und
nicht von dannen zu weichen, bis alles bezahlt ſey. —
Ich hab ihn vor zween ehrbaren Männern darzu
aufgefordert, auf euren Schirm und Hilfe gepocht:
da lachte er laut, drückte und küßte die Dirne im
Bogenfenſter, verzieh euch zum Hohn und Spott
auf ritterliche Aufmahnung —

Bertha. Küßte die Dirne?

Adelheid. Natürlich! gute Tröpfin, was küſ=
ſen Kreuzfahrer nicht alles!

Juſt. Ganz unmöglich! Steinach, den ich er=
zogen habe, der unter mir ſeine Sporen verdient
hat, könnte dem alten Kämpfer vor Dirnen und
Zeugen Hohn ſprechen? Sage wahr, Mann! bey
deinem Leben, ſage wahr!

Theis. Laßt mir alle Heilige vortragen, ich
ſchwöre auf alle! — Da ſtehen auch zween ehehafte
Männer, die mit eigenem Rauch angeſeſſen ſind: ſie
bürgen für mich.

Die zween Bürger. Ja, edler Herr, mit
Leib und Gut!

Juſt. (ruft ſeinem Buben zu.) Schild und Schwert.
(ein Bube ab.) — Ha, Undankbarer Verräther hier!
(er deutet auf ſich.) Betrüger da! (er deutet auf Bertha)
Menſchenmäkler dort! (er deutet auf Theiſen.) — La=

he

che Steinach! höhne, spotte und buhle! In einer Stunde höhnen und buhlen Satans = Geister grimmig um dich her! (er will fort.)

Bertha. Mein Vater! um Gottes willen! in dieser entsetzlichen Aufwallung —

Just. Hat Justs Tochter für den Hohnsprecher und Betrüger was zu reden!

Bertha. Nein. Auch nicht für den Buhler; aber Thränen für den Steinach.

Just. Für den Verräther? den Menschenschinder?

Bertha. Wenn er das nicht wäre, mein Vater! wenn er's nicht wäre!

Just. (deutet auf Theisen.) Schau hin! — Sagens nicht diese Thränen?

Bertha. Er ist arm und alt. — diese Leute weinen gern.

Just. Und die Zeugen?

Bertha. Ja, die Zeugen! Lieber Vater, überstürmt ihn nicht! Ihr waret auch sein Vater. Die liebvolle Vater = Miene leuchtet noch zwischen Grimm und Zorn hervor. Schlagt euer Visier hoch auf, und er wird's gegen euch über nicht aushalten. Der Arm wird ihm sinken; Schwert und Schild wird er nach seiner Buhlerin auf die Seite werfen, und ihr fluchen.

Just. Ich fürchte, das wird er nicht!

Bertha. Dann mag er unter eurem Hiebe fallen: und ich habe keine Thräne für ihn! — Euch wird Gott schützen!

Theis.

Theis. Wenn die Thränen der gedrückten Ar=
muth noch ihre Rechte im Himmel haben!

Juſt. Was ſie da vermögen, das komme dann
über ihn!

Bertha. Flucht ihm nicht, mein Vater: Er
hat niemand der für ihn betet. — Kann ich's für
beide? Das ſchwankt, zerrt, reißt hin und her; in
dem Herzen ſind größere Qualen, als alle Leiden
der Armen in der ganzen Welt! Gott! Rührung
für das Herz meines Steinachs, oder Tod für ihn
in dem Arm meines Vaters, daß ihn ſeine Buhle=
rin ſehe, verzweiflend ſehe, in all ſeinem Blute!
Nein — (zum Theis.) Armer Mann, geh zu dei=
nem Vater, und betet weiter. In meine Gebete
ſchleichen ſich die Flüche der Sünder. (Juſt und Theis
gehen ab.) Konnte ſich Steinach ſo an Treue, Ehr
und Glauben vergeſſen!

Adelheid. Mädchen, als wenn du die Män=
ner nicht kennteſt!

Bertha. Sind ſie denn ſo gar arg und böſe?
Er wußte mir ja ſo mit hübſcher Fuge und won=
niglichem Weſen zu koſen; ſagte gar oft: daß ich
ausſähe als eine Roſe, auf der der Thau läge, daß
er ſterben müßte, wenn ich nicht Sein würde! —
Ich glaubte ihm alles, und meynte, was dem Au=
ge ſanft thut, wäre auch von Herzen gut.

Adelheid. (für ſich) Gott verzeih es ihr! Die
arme Unſchuld! Sie ſieht ſo einfältig fromm drein,
man ſollte faſt glauben, mit bloßem Handgeben,
Anlachen und Fußantreten, hätte er ſie ſchon zur
Närrin gemacht? Und iſt doch mehr geſchehen —

lei=

leider Gottes! weit und vielmehr! — Doch, dem
Dinge gute Weile! Richte nicht, Adelheid, so wirst
du auch nicht gerichtet! — Mädchen, wenn sie
schwören, sie wollten durch einen brennenden Holz=
stoß zu einem brechen, muß man ihnen doch nicht
glauben.

Bertha. Man muß nicht? O liebe Muhme, ei=
nem Manne, den man liebt, muß man alles. Wenn
er zurück käme mit einer Thräne der Reue, einem
Seufzer der Empfindung, einem Blicke der Liebe,
froh müßt' ich ihm an den Hals in seine Umarmun=
gen hüpfen. Und wenn er fiele, Gott! wenn er
fiele — dann müßt ich nach der ersten Aufwallung
über seine Verirrung weinen, mich selbst beweinen.
Er ist mein Bräutigam.

Adelheid. Dein Bräutigam? so weit ist's ge=
kommen? Tochter des Unglücks! für deine Sünden
steht eine schwere Buße im Buche der Verhängniße.
Steinach ist ein ruchloser Buhler, der sich mit jeder
schmutzigen Lustmetze in den Koth legt! Die armen
Dirnen auf seiner Burg haben Tag und Nacht keine
Ruhe. All seine Reitbuben sehen ihm gleich. ——
Komm in meine Arme, liebe Unglückliche! dein
Stündchen ist da! Der himmlische Bräutigam klopft
durch mich an dein gutes liebes Herzchen; denn was
uns irgend eine kluge, gottselige Matrone sagt, das
spricht er selbst! — Ich will dir die hohen geheimen
Dinge von Edens unverwelkter Rose — dem Ringe
des ewigen Liebhabers, und den Hochzeitliedern der
weisen Jungfrauen, die Fleisch und Blut nicht ver=
stehen, dollmetschen. Ich habe auch deine Schwe=

J   ster

ſter damit bekannt gemacht; die gottſelige Jungfrau. Sie hat zum ewigen Ruhm ihrer erbaulichen Zeit= kürzungen, das Leben der eilftauſend Jungfrauen auf ein großes, ſeidenes Tuch mit ſilbernen Faden geſtickt. Das wird man noch küſſen und ehren, wann wir alle faulen und modern.

Bertha. Ich verſtehe nichts, liebe Muhme! kann auch itzt nicht. Herz und Kopf, und Kopf und Herz, alles und alles gehet mit mir im Kreiſe herum.

Adelheid. Ich bin dir Stütze, meine liebe Tochter! Es wird ſchon werden! wird noch recht gut werden! — Du haſt itzt Ruhe nöthig. Komm, Liebe! Komm! (Sie gehen ab.)

Fünfter Auftritt.

(Die Bühne ſtellt einen verſchloſſenen Verhack nahe bey der Heerſtraße vor. In der Ferne ſieht man Fuſts Burg. An einem nahen Hügel ein Felſen = Brünn= chen, wobey eine Ruhe ſtehet. Um die Ruhe her liegen Stechſtangen, Schwerter, Ketten, Helme, Schilder und Spieſſe.)

Steinach, mit Kurten, und Reitleuten.

Steinach. (im Eintritt in die Scene.) Wartet eurer wunden Brüder, und tragt mir ſie ſanft auf Schildern her! — Da, Bube, dort bey der Quelle waſch das Schwert ab! — Ich habe mich ganz müd an ihnen gehackt! Es waren ihrer viele!

Kurt.

Kurt. Sie wollen den Maler nicht ausliefern; sagen, er sey ihnen aus dem Gefängniß entronnen.

Steinach. Vorwand! — Sie wissen ihre Gefangene schon fest zu setzen!

Kurt. Ich glaub es doch, edler Herr! — um den Wein gäben sie das Kloster auf.

Steinach. Hast du die Weinfuhren schon nach meiner Burg abführen lassen?

Kurt. Auf der Stelle, als sie sagten, sie könnten den Maler nicht liefern.

Steinach. Scharf geleitet?

Kurt. Flörsheim ist selbst dabey. Es ist alles in Ordnung, edler Herr.

Steinach. (geht nach dem Brunnen, bleibt vor dem Waffenhaufen stehen, und betrachtet sie.) Das ist die Beute? — Wie die Buben zuschleppen? (er nimmt ein Schwert und Schild aus dem Haufen.) Elendes Fehdgeräth! Recht schlecht! (er biegt eine Klinge.) Was das eine Klinge ist! so hau ich dir ein Dutzend in der Mitte von einander! (er biegt die Klinge nochmal.) Schlechte Lumpen = Pfaffen = Waare! (er behält eins von diesen Schwertern in der Hand.)

Kurt. Stahl, Zunder und Brennwesen in der Tasche, sind ihre beste Waffen.

Steinach. Wer bricht da durch den Verhack? — Reisige Männer! — Zur Wehre, Kurt!

Kurt. Geschwind, Bube, des Ritters Schwert! (ein Bube reicht Steinach sein Schwert.)

Steinach. (stößt's zurück.) Es ist Ritter Fust. Dies Schwert hier ist gut für meinen Freund.

Sechſter Auftritt.

Ritter Fuſt mit drey Knechten, Vorige.

Fuſt. Wie ſie zuſammenlaufen! Nicht ſo eilig! Ritter Fuſt hat noch niemanden überfallen, aber ſchon manchen mit Recht und Ehr gezüchtigt. — (zum Steinach.) — Du verzeiheſt auf ritterliche Aufmahnungen?

Steinach. Wo ich bin, führ ich allezeit Schild und Schwert bey mir.

Fuſt. (zieht ſein Schwert.) Dann vertheidige dich! oder fürchte dieſen Arm. Wende um gegen Kreuznach, und krieche mit deiner Dirne in die Herberge, wo ich dir ſo lange ſchimpflich, kümmerlich, und beſchwerlich ſeyn will: bis der arme Theis entſchädigt iſt. Er iſt mein gehegter Mann.

Steinach. (geht mit Schild und Schwert ihm entgegen.) Steinach kann weder fürchten noch kriechen; aber kämpfen.

Fuſt. (ſtürzt mit heftigen Hieben auf ihn los, und ſpaltet ihm Schwert und Schild.)

Steinach. (wirft die andre Hälfte von Schild und Schwert weg. Fuſts Knechte umringen ihn, und führen ihn fort.)

Fuſt. (im Abgehen.) Auf meiner Burg will ich ihn beſſern!

Ende des zweyten Aufzuge.

Drit=

Dritter Aufzug.

(Die Bühne stellt einen Burgsaal vor. Auf einem Tisch liegt ein großes Buch.)

Erster Auftritt.

Adelheid.

Einen Pilgrim will ich nach der entlegensten Wall=
fahrtskirche schicken: der soll zur Ehre und Freude
der lieben Heiligen nach zween Schritten vorwärts,
jedesmal wieder einen zurück hüpfen, wenn sie sich
nur dazu verwenden, daß die Sache zwischen mei=
nem Bruder und dem Steinach, zu keinem gütlichen
Gespräche kommt! Fällt der Alte, dann wird die
Tochter den Vatermörder hassen; bleibt Steinach
auf dem Platze, dann mag ihm seine Dirne ein
Tröpfchen auf das Grab weinen. — Auslösen —
ihr mir das schöne, stattliche Gut auslösen, worinn
ich meine beträchtliche Geräthe, all mein schönes
Vermögen verwendet habe? — Ich muß lachen,
wie ich das so hoch, klug und verständig angelegt
habe: die besten Freunde brechen einander nun die
Hälse!

J 3 Zwey=

Zweyter Auftritt.

Rutler, Adelheid.

Rutler. Ich bringe eine traurige Mähre.

Adelheid. Geschwinde, sprich! sag —

Rutler. Unglück, edle Frau! großes, gewaltiges Unglück! — — Steinach und Flörsheim haben die Kloster-Fuhren ohnweit der Klosterburg angefallen; das war ein Jammer und Elend um den Wein! Man blies mit allen Hörnern von den Thürmen und Warten, stürmte mit allen Glocken, jagte mit Stangen und Spießen zur Gegenwehr — Das half all nichts! sie hauten die Geleiter zusammen, warfen die Fuhrleute nieder, führten die Wägen ab, rannten bis an den Burgfrieden der Heiligen, und forderten den Maler für den geraubten Wein. — Der Abt wollte ihn gleich, gegen alles Abmahnen des Vogts, für den Wein hingeben: allein fort war er; durch Zauberey fort. Man findet gar keine Oeffnung wo er durchkommen konnte — Nun, sagt der Abt, stund ihm aller Verstand, mit allen fünf Sinnen stille. Die eine Parthie sagt: es wäre nur Schade um den Wein! Der Vogt meynt, es seye mehr um den Maler — — Ich soll bey euch Rath holen.

Adelheid. Wann geschahe dies?

Rutler. Eine Stunde nach Sonnen-Aufgang.

Adelheid. Wo muß sich der Abt hin verstecken, wenn's recht Noth thut?

Rutler. Das verstehe ich nicht, edle Frau.

Adel

Adelheid. Die Dummköpfe! Hinter seinen ar=
men Heiligen! — Giebt's denn keine Eidhelfer? —
so andächtige, gute Seelen, die sich's wehmüthig
einschwätzen lassen, und in der Begeisterung selbst
glauben, und auch beschwören: die Ritter hätten
Gottesfrieden, der heute Früh erst aus war, ge=
brochen, den Burgfrieden der Heiligen überfahren —
Dann einen Bannfluch über sie her, daß allen Teu=
feln in der Hölle die Haut schauert! Sie fallen da=
durch in die Oberacht, kommen aus allem Recht,
werden gesetzt in alles Unrecht; ihr Leib und Fleisch
muß den wilden Thieren in den Wäldern, den Fi=
schen im Wasser, den Vögeln in der Luft zu Theil
werden! Sie müssen männiglich auf der Straße er=
laubt — und in die vier Straßen der Welt verwie=
sen werden, ins Teufels Namen! Dann sollen sie
kommen und uns die Güter auslösen!

Rutler. Es überläuft mich! Das ist doch zu
gräulich?

Adelheid. Das verstehst du nicht, Junge!
Man muß nicht vor den Mitteln stutzen, wenn der
Endzweck gottselig und heilig ist. Alles geschieht ja
zum Nutzen und Frommen der armen Heiligen. Das
geht hier ins Große: was liegt an ein Paar Rit=
tern. Bleiben sie länger auf dem Sattel, so rau=
ben sie länger. Geh, sage deinem Abt: er soll um
den Baum alles Fleißes werben und streben. Nicht's
fein schön aus; es soll dir auch ein köstliches Milch=
mus dafür werden, und das in meinem Kämmer=
lein, ganz vertraut; du verstehst mich doch, Junge?

Kutler. Ich will es ſchon ausrichten. (geht, und kommt wieder zurück.) — So eben iſt Artimes durch das kleine Burgpförtchen in die Burg geſchlichen: er kömmt gerade auf den Saal zu.

Adelheid. Sage dem Vogt, daß er hier ſey. Ich will wachen und ſorgen, daß er nicht zu meinem Bruder kommt, bis ich ausgeforſcht habe, was er denn eigentlich von unſerm Geheimniß weiß; dann will ich ihn ſchon gewinnen, daß er nichts davon ausſchwatzt. Vielleicht daß ich ihn gar in unſern Plan ziehe. Jeder hat ſeinen Ring in der Naſe: den rechten Riemen dazu auszufinden — da, da ſtickts, ihr Hammelsköpfe im Kloſter! — Lob und Preis für ſeine Kunſt macht jeden Künſtler zum Gecken, und Geld jeden armen Gecken zum Schurken. (ſie ſetzt ſich an den Tiſch.)

(Kutler geht ab.)

Dritter Auftritt.

Artimes, Adelheid.

Artimes. (für ſich.) Wie teufliſch heilig die Andächtlerin vor dem groſſen Buche da ſitzt! Hinter der frömmlenden Mine ſteckt noch mehr als ein verfälſchter Pfandbrief — Gewiß ſteckt auch der Plan dahinter, Berthen in die Gewaltſame des Vogts zu bringen. Es muß alles heraus! Ich will ihr ſo ſüß ins Netz pfeifen, ſie an ihrer andächtigen lüſternen Seite kitzeln.

Adel-

Adelheid. Ihr schaut nach jemand um? wen sucht ihr, holder, frommer, bescheiblicher, hübscher Mann?

Arrimes. Den edlen Herrn, euren Bruder, liebliche, sanfte, geschämige, wohlgeberdige, grüßbare, edle Frau.

Adelheid. Er ist ausgeritten: in einem halben Stündchen wird er wieder da seyn.

Arrimes. Und dieses halbe Stündchen möcht' ich gerne so vertraulich, andächtig, bey der edlen Frau zubringen. Die Mine der gottseligen, süßfröhlichen Heiterkeit, das einfältige, innigherzliche, das stillverliebte, die Taubeneinfalt, und der sanfte Friede in jedem Zuge, erhebt, erbauet! Ich habe noch kein Gesicht gesehen, dem die Andacht so gut läßt.

Adelheid. Und ich noch keinen Künstler, der einem durch die Gesichtszüge, so in der Seele lesen kann. Ihr seyd weit gekommen, sehr weit!

Arrimes. (nimmt das Buch.) Gewiß ein geistliches Beschauungsbuch?

Adelheid. Nicht so ganz geistlich! Ich habe zuweilen auch noch gerne so mein weltliches Gespäschen mit unter! — wenn's ohne die Erbauung zu stören, in geheim und ohne Geräusch geschehen kann.

Arrimes. Also wohl gar kurzweilig zu lesen? —

Adelheid. Und doch gottselig zu beschauen! —
Der Abt sagte: sein frömmster Bruder im Kloster dürft' es lesen, ohne sich zuvor, wie ein schäbichter Hund, hinter den Ohren zu kratzen; das sie allzeit

bey weltlichen Büchern thun müßten, um den irrdi=
ſchen Schriftſteller andächtig auszuhunzen.

Artimes. Um die Bücher werden ſie ſich die
Ohren nicht viel verkratzen: ſie haben noch alle ge=
ſunde Ohren! Wenn ich was vor ihnen zu verſte=
cken hätte, ich legte es in den Bücher=Saal, oder
ins Buß= und Geißel=Gewölbe.

Adelheid. Liegt was da?

Artimes. (ein wenig außer Faſſung.) Nichts,
edle Frau! Nichts! — — Das Buch muß ſehr
theuer ſeyn?

Adelheid. Wie er auslenkt! — Es ſoll drey=
hundert Scheffel Waizen Ankauf gekoſtet haben; iſt
dem Abte um die ew'ge Seligkeit auf dem Altar ge=
opfert worden — iſt freilich ſehr theuer; aber auch
ſehr dick und groß!

Artimes. Ihr ſchätzt alſo die Bücher nach der
Größe? Ein großes Buch, ein großes Uebel! —
Was die Gelehrten gewiß wiſſen, gehet auf ein
Schilfblättchen; und was ſie bezweifeln, damit könn=
te man ganze Heerden von Eſel bepacken, ſagte
mir einſt ein gelehrter Araber.

Adelheid. Pfuy, Araber! was weiß ein un=
gläubiger Araber?

Artimes. Der Mann war nicht ungläubig. Er
glaubte an die große Reiſe, die Muhamed in wenig
Augenblicken von Mekka bis Medina auf ſeinem Eſel,
oder Dülbül, durch die Luft gemacht hätte. — Das
heiß ich mir denn doch glauben!

Adelheid. Das glaubte er? und war ein Ge=
lehrter?

Ar=

Artimes. Leider! — was glauben Gelehrte nicht alles!

Adelheid. Ihr hättet den armen Heiden bekehren sollen.

Artimes. Bekehren? — Da bekehr' mir einer die Leute, die so viel Duldul im Kopf haben!

Adelheid. Kurzweiliger Mann, man muß euch gerne haben! — Ihr lagt gefangen, wegen einem sichern, großen Geheimniß? Ich hab es gottseligerweise recht bedauret, und christlich betrauret.

Artimes. Das kann die edle Frau vortreflich. Dem Dinge gute Weile. Aber das muß ich trotz allen gelehrten Arabern und ihren Duldissen behaupten: ein großes Buch ist für gewisse Aussenseiten eine ganz vortrefliche Sache. Die im ganzen Gau gepriesene Tugend der unendlichen Züchte und Ehrbarkeit der edlen Frau, läßt hinter dem großen, geistlichen Buche so kostbar, so theuer; es scheint so gewagt, so vermessen — und das macht bey jedem armen Sünder Uebel ärger. Ach! das ist ein harter schwerer Kampf.

Adelheid. Ist es denn so gar arg, lieber Artimes? Ich hab euch ja schon gesagt, daß es kein so ganz geistliches Buch ist —— Ja vor zehn Jahren, da wars erst recht arg; da war immer ein Lärmen im Burghofe, mehr als hundert junge Ritter machten allerley kurzweilige Spiele um mich her. Wenn ich denn so nach dem Rennen da stand, und den Dank austheilte, dann lief der laute Seufzer durch alle Haufen der jungen Kämpfer: ach die schöne Strombergerin! Alle Adelfrauen beneideten

deten mich, und die alt frommen Ritter baten Gott
für ihre ſchwankende Tugend — Itzt wollen ſie nur
wetten, ich ſey mehr liebenswürdig als ſchön.

Artimes. Die edle Frau hat noch immer viel
von dem, was das Herz wünſcht, und wornach das
Auge ein's Mannes bey einem Weibe ſucht. Was
die edle Frau an Jugend = Reizen verloren hat, iſt
auf der andern Seite durch den edlen Anſtand doppelt gewonnen worden. Der Kopf adelt ſich ja
von den Augenbraunen bis zum Munde herab —
ganz original — ein herrliches Phantaſie=Stück! —
ſo was möcht' ich —

Adelheid. Möcht ihr?
Artimes. Mahlen —
Adelheid. (gezogen) Mahlen! (etwas nieder
ſchlagen.) Es muß doch einem großen Künſtler wohl
thun, wenn er einen ſo recht treffen kann.

Artimes Ja freilich, über die maßen, wenns
Originalien ſind. Gemeine Alletagsgeſichter male
ich um die Welt nicht. Es iſt Sünde! Denn von
unſerer Kunſt hängt der Model eines ganzen Volks
ab. Malen wir vor die fangbare Phantaſie der
Mütter — dicke, breite, lange Fleiſch = Köpfe, ge=
meine, ſtumpfe Naſen, hervorragende, lockere Un=
terlippen — lauter häßliche Geſichter giebts! bare
Dummköpfe giebts!

Adelheid. Ums lieben Himmels willen! um
meines, um eures, um der ganzen lieben Chriſten=
heit ihrer Köpfe willen! Was ihr da ſagt, das
kommt alles von der fangbaren Phantaſie der Müt=
ter? Ey, ey! ihr habt ſchöne Kenntuiße; könnt
alles

alles so traut und lieb auslegen; darzu wollen wir
uns setzen — Ich habe zwar keine Eheſtands-Kennt=
niſſe, aber deſtomehr Phantaſien. (für ſich) Doch
hab ich damit noch nichts gefangen. (laut) Daß ei=
ne Phantaſie unter gewiſſen Umſtänden was tröſtli=
ches ſey, und daß ſie ungeſtüm auf Herz und Puls
wirkt — Ach! das hab ich in eurer Abweſenheit oft
und hart erfahren; daß ſie aber ſo weit wirken ſoll=
te — —

Artimes. Das thut ſie, edle Frau, das thut
ſie ſo mächtig, daß, wenn ich ein Mädchen ſehe,
ich euch gleich ſagen will, ob ſie aus der orientali=
ſchen oder occidentaliſchen Kirche iſt: ob das An=
dacht = Bild ihrer Mutter Meiſter-Arbeit, oder Pfu=
ſcherey war — Im Vorbeigehen, edle Frau: die
gar keine Phyſionomie und gar keinen Witz haben,
ſtammen aus dem Bilderſtürmer = Lande, wo gar
nichts zu verdienen iſt. Eure Mutter muß ſich ir=
gendwo in ein ſchönes Bild verzückt haben. In eu=
rem Geſchlechte findet man die hohe, runde, ſanfte
Weiblichkeit eines großen Originals; ich bin mit die=
ſen herrlichen Geſchlechtszügen ſchon ziemlich bekannt,
habe eure Nichte gemalt, im Gewande einer griechi=
ſchen Diaconißin im heiligen Dienſte, wie ſie bey ei=
ner Taufhandlung die eingetauchte wiedergebohrne
Schweſter aus dem Waſſer mit dem Kuſſe des Frie=
bens empfängt, und in die Gemeinde der Liebe und
Eintracht aufnimmt. Welch ein Bild, edle Frau!
bey allem, was Kunſt = Seele, Kunſt = Geiſt, und
Kunſt=Gefühl vermag, welch ein Bild! ſanfte Gra=
zie der Liebe im Auge, Engels-Seele im Kuſſe, und

ſey=

feyerliche hohe Andacht über jedem Wonne = Zuge.
Wollt' ihr in euer Frühlingsweſen zurück ſchauen,
ſo gehet und ſehet das Bild. Es hängt zwar tzt
im Kloſter.

Adelheid. Im Kloſter? was thut es da?

Artimes. Sehr, ſehr viel, edle Frau! ſie wollen ſogar das Original haben.

Adelheid. Das Original? (für ſich.) Das
ſagt er mit einer Miene, mit einem Ton — (zum
Artimes.) Was wollten ſie mit dem blattbrüſtigen
Närrchen?

Artimes. Das weiß ich ſo eigentlich nicht, edle Frau; ſie ſagen, das Närrchen müßte bey ihnen
den Gürtel löſen. Der alte Abt läßt ſich zwar dafür von ſeinen Leibeigenen in all ſeinen Dörfern, Hö-
fen, Zwingen und Bannen alljährlich auf Charſam-
ſtag hundert Eyer und einen Kalbsbraten entrich-
ten; der Vogt aber, der einen Drittheil an allen heiligen Gefällen hat, ſoll damit nicht zufrieden ſeyn;
er ſagt gewiß, er bedürfe der Eyer nicht, und der
Abt könnte in ſeinem hohen Alter ihm und dem Kloſter nichts vergeben.

Adelheid. Poſſen! Ihr ſeyd ein Spasvogel,
und ſie wiſſen, daß ihr gern mitmacht.

Artimes. Alles in Züchten und Ehren. Ich
habe eine fürchterliche Ahndung! Wo ich gefangen
ſaß, liegt ein Ritter begraben, den Satans Luſt-
Engel in kitzlender Gährung ſeines Blutes plötzlich
überfallen, und an eine Leibeigene des Abts gehetzt
hat. Ich fürchte immer, der arme Vater hat irgendwo unglückliche Kinder und Enkel.

Adel-

Adelheid. Wie heißt die Dirne?

Artimes. Wenn ichs auch wüßte — hier wünscht jede arme Schwester geschont zu werden. Es ist auch Bruderpflicht; ich nehme sie alle unter den Mantel der Liebe, und decke sie mit all ihren Fehlern zu.

Adelheid. Gutmütiger Mann! (Spöttisch.) Wenn ich ihr Liebsherr, der Abt wäre, die Mutter müßte mir ihre Wechselbälge an dem Pflug in der Frohnde her peitschen: ins Rad am Berg=Brunnen mit dem Lustweibe und ihren Bastarden. So würde ich das öffentliche dumme Verbrechen öffentlich und christerbaulich ahnden.

Artimes. Das ließ der edlen Frau, als wenn sie schon Ursache hätte, die Lustfehler mehr zu beneiden als zu hassen. Ich würde all die Fehler in den Sand mit Buchstaben schreiben, die nur jene lesen können, welche die Steine hinwerfen, und fortschleichen müssen; das wäre noch christlicher. Man weiß oft nicht, liebe edle Frau, man weiß nicht —

Adelheid. Ich bin meiner Sache gewiß; Bertha ist aus dem ältesten und reinsten deutschen Geschlechte. Man weiß durch sechszehn Generationen nicht, daß eines unserer Väter oder Uhrmütter, einen Nebenschlich gemacht habe.

Artimes. Wer kann so allem nachschleichen. Die edle Herren sind oft schlimm, und die Mütter schwache Gefäße, edle Frau, schwache Gefäße!

Adelheid. Ey was schwach!

Artimes. Und doch so traut und lieb, es wäre mir ja leid, wenn sie stärker wären.

Adel,

Adelheid. Ihr müßt wiſſen, auf uns ruhet der ganze Abel.

Artimes. Soll ihm gedeihen! — Kaum ſo angezogen, und ſchon wieder ſo weggeprellt. (ſtutzig und höhniſch.) Wenn unſer einer in ſo ein altes Geſchlecht käme, der könnte alſo ein Unglück anfangen.

Adelheid. Gewiß, wenn er ſich tölpelhaft dabey nähme; fein und geheim ſchadet nicht; kömmt nicht ins Turnierbuch, und macht keinen Stern in's Schild. Zuweilen ſo ein Aepfelchen für den Durſt lieber Artimes!

Artimes. (für ſich.) Himmel! die Alte liebäugelt! (laut). Ich verſtehe, edle Frau; ſo in Socken darzu geſchlichen, und heimlich und andächtig genoſſen.

Adelheid. O ihr ſeyd ſo ganz mein Mann! Edler Künſtler; vor euch hab ich kein Geheimniß mehr. Bertha iſt nicht leibeigen; das iſt ein elender Vorwand von den Hammelsköpfen im Kloſter: aber ſie muß in unſere Gewalt. Die Ausführung unſers Planes wäre ſo was für euren Kopf; wollt' ihr nicht mit wirken, ſo ſchweigt nur ſo lange, als ich euch Geld zu zählen geben will. Kommt mir nach, macht mich, und euch glücklich! Das wäre ſo der Weg in ein altes Geſchlecht zu kommen, theurer Mann! Wenn ich die mir verſetzten Güterchen behielte, wir könnten uns ſo traut und lieb darauf miteinander vermählen und vermehren. (bey Seite.) Wie ihm das gedeihet! Er wird wieder hell und ſüß. Bald hätt ich ihn mit meinen alten Ahnen ſtutzig gemacht. Ach er gehet hervor wie ein Bräutigam aus ſeiner Schlafkammer. (Ab.)

Ar.

Artimes. Die Alte hat Phantasten! Da hat sie der böse Geist, Gott sey mit uns! schon wieder bey dem Bräutigam und seiner Schlaf=Kammer. Eine Andächtlerin öffentlich vor dem Volke, und heimlich eine alte Närrin für das Vergnügen. Das wäre gelungen; nun will ich sie ganz ausforschen.— alles, alles meinem lieben alten Ritter entdecken. Sollte Satans verschworne Ausbrut über ihn sie= gen, ihm seine Güter ablisten, die Tochter entreis= sen, Burg und Herz ausplündern — dann schau herab, Allgütiger! auf den nakten Unglücklichen, und segne mir für seine Verpflegung Kunst und Brod. Und wenn auch die gesegnete Kunst bey dem rohen, kalten Jagd= und Streitvolke nicht so viel vermag, dann will ich von Burg zu Burg mit ihm wallen, mich zu ihm, an meine Gemälde stellen, und um eine Brod=Kruste alle Bettel=Lieder von der Sa= razenen Grausamkeit gegen die Christen dazu sin= gen — eine Gruppe des hülflosen Elends und Jammers, zum Erbarmen für Gott und alle Men= schen. (ab.)

Vierter Auftritt.

Fust und Steinach.

Steinach. (im Eintreten.) Und die Dirne im Bogenfenster war meine Schwester.

Fust. Genug davon! Willkommen hier! deine Hand: ich hab dir sie lange nicht geschüttelt und gedrückt. Sey hier mein freundlich lieber Gast.

K   Stei=

Steinach. Ritter, dein Gefangener.

Fuſt. Was, Gefangener! als wenn du nicht wüßteſt, wo Fuſts Schornſtein raucht, iſt jedermann willkommen. — Hier Bube, nimm dem Ritter den Harniſch ab.

(Ein Bube will Steinach den Harniſch abnehmen.)

Steinach. Ich möchte nicht gern ſo im Wammes da ſtehen.

Fuſt. (zum Buben.) Stell des Ritters Pferde bis an den Bauch in die Streue, und mit den Köpfen bis über die Naſe in den Haber. Seinen Leuten warte ſtattlich auf; die Fuſten weiſen niemand ab, geben ſchön Weißbrod, und Rheinwein von jeder Gattung. Ein alter Geſchlechts = Ruhm! Noa's Stammſchilder nehm' ich dir nicht dafür!

Steinach. (für ſich.) Der Mann ſieht mir nicht darnach aus, als wenn er mir die Tochter entreiſſen wollte.

Fuſt. Du biſt niedergeſchlagen — ſprichſt mit dir ſelbſt! Wurmt dir das ſo, daß du gefangen biſt? Ha! der Würfel fiel halt diesmal auf meine Seite.

Steinach. Mir Klinge und Schild in der Mitte zu ſpalten!

Fuſt. Das that Wickerts Schwert.

Steinach. So eine Klinge in deiner Hand iſt barer Tod und Verderben!

Fuſt. Es iſt ſchon mancher Sarazene damit bekehrt worden! — Ich wollte dich auch damit bekehren; aber itzt nur munter! Die Sache iſt kämpflich und ritterlich abgethan —

Fünf-

Fünfter Auftritt.

(Ein Reitbube bringt einen grossen Krug mit Wein,
und einen Becher dazu; schenkt ein, und reicht
Justen den Becher.)

Die Vorigen.

Just. Es gilt Steinach! (er trinkt und reicht
Steinachen den Becher.) Das ist noch vom Alten!
Lauter Würze, Fett und Oel, daß einem die
Schnauze anklebt! — Er ist vor den ersten Kreuzzügen gewachsen. Traun! Bruder Peter, der dem
Zuge unserer Väter vorritt', wäre selbst vor dem
Saft vom Esel abgestiegen, wenn er schon weder
Brod noch Fleisch äß, und so andächtig drein sah,
als müßte er die Sünden der ganzen Christenheit
mit Wurzeln und Buchlaubsuppen abbüssen. Gelt
das heitert dich ein wenig auf? Bube, die Weiber
sollen frisch Brod backen, und ein Lamm dazu ko-
chen! — Oder wolltest du lieber ein Böcklein?

Steinach. Du bist doch ein gar gastfreier, lieber, erzguter Mann!

Just. Muß ich das nicht seyn, da ich dich gut
machen will? — Du warst sonst Wehr und Schild
dem armen Wanderer auf der Straße; und Trost
dem Kranken am Strohlager in seiner Hütte. Hat-
test für jedermanns Noth einen Pfennig und eine
Thräne — und meinem Theiß; dem die Noth seines
kranken Vaters das Herz abstößt — Da kommen
mir die Streithändel schon wieder in den Kopf!

Stei-

Steinach. Du ſprichſt mir das ſo wehmüthig ins Herz, als ſtünde der arme Mann vor mir. Da ſteh ich, wie ein Schalk; ich kann es keinen Augenblick länger aushalten, das vor dir zu ſcheinen, was ich nicht bin. — Theiß ſoll die Gülde doppelt haben; ſeinem Vater will ich warten und pflegen auf meiner Burg, ſo lang er lebt; höre meine Entſchuldigung, —

Fuſt. Ich will ſie nicht hören. Laß dich halſen! Itzt wieder mein Freund Steinach. — Aber da kömmt eine hergeſchlichen, die wird ſtrengere Rechenſchaft fordern.

Sechster Auftritt.

Bertha, und die Vorigen.

Bertha. (läuft auf ihren Vater zu und fällt ihm um den Hals.) Mein Vater! — wie! Steinach hier?

Steinach. (geht ihr entgegen.) Meine Bertha! ſonſt gabſt du mir ſo mit Züchten deinen ſanften Gruß —

Bertha. Laß mich! Ich habe ein arges, heimliches Leid bey mir: deine Dirne mag dich grüßen!

Steinach. Meine Dirne? — ich will dir von all dieſen Dingen gar freundlichen Beſcheid geben.

Bertha. Was wirſt du dem Mädchen antworten können, das dich ſo mit innbrünſtiger Liebe geliebt hat? dir ſo gut, ſo voller Treue, ſo hold und be-

befcheidlich war! — Bertha hat die Männer kennen
gelernt, und traut nicht mehr.

Steinach. Nur ein Wort zur Vertheidigung,
meine Theure!

Bertha. Sprich tausende, und abermal tausende — und du hast doch noch nicht alles gesagt,
was das Herz für dich sprach, und, trotz dem
Kopfe, zuweilen noch spricht. Aber ich will mich
zwischen heilige Mauren verkriechen, wo es Sünde
ist, an dich zu gedenken!

Just. Das sollst du bleiben lassen, Mädchen!
Was willst du mit deinem Quecksilber = Blute hinter
den Kloster = Mauren? — Hör den Ritter an.

Steinach. O! das war fürchterlich, schauer-
lich zu hören, meine Liebe!

Bertha. Ich heiße Bertha.

Just. Mädchen, gieb die Näckereien auf, und
hör den Ritter an!

Steinach. Dein Vater schickte mir die geliehene Summe mit Ungestüm zurück, und ließ mir sagen: seine Tochter sey um all das schlechte Geld
nicht feil, das mein Vater mit Raub und Brand
auf der Heerstraße verdient habe. — Wegen dir wollt'
ich ihn nicht auffordern. Ich versagte Theissen die
Gülde, daß mich Ritter Just anfallen sollte; ich ließ
mich niederwerfen, damit ich zu dir auf die Burg
käme, die für mich versperrt war. — Die Dirne im
Bogenfenster war meine Schwester. (er sieht sie zärtlich an.) Jtzt doch wieder meine liebe Bertha?

Bertha. (schaut ihren Vater an.) Mein Vater!
seine Schwester!

Steinach. Sie iſt noch zum Beſuch auf meiner Burg.

Bertha. Ich will ſie ſehen! O, das macht mich leicht und froh, und thut mir herzlich ſanft.

Fuſt. Starr ſteh ich da, wie ein hölzerner Wächter vor Gottes-Grab! — Ein feines Gewebe von Bosheit und Verläumdung! Ha, das hat Adelheid angeſonnen! Du verbirgſt dich umſonſt, die ſpitzen Weiberabſätze ſchauen heraus.

Bertha. (zum Steinach.) Ich fühle ſo viel Anmuthungen in mir, dir herzlich zu glauben. Sollte das Adelheid, die andächtige Adelheid —

Fuſt. Giebts wohl noch was unſeliges, das der Mimmereiteufel einer Andächtlerinn nicht ſchon ausgeführt hat? — Faſt hätten wir einander darüber die Hälſe gebrochen! — Ich fürchte, ſie iſt mir auch hinter meine geheime Schriften gekommen, denn von deinem Anlehen wußte niemand. Die geliehene Summe war in einer geheimen Schrift verzeichnet, bey der noch weit geheimera lagen. Wenn ſie dieſe geraubt, und dem Abte zugeſchleppt hätte — Sie ſprach von ſo viel Schriften, die der Vogt und Abt gegen mich hätten. Mein ſeliger Bruder, der im Kloſter ſtarb, und ſich was auf Schriften verſtand, konnte mich nicht genug warnen, wie viel an dieſen geheimen Dingen gelegen ſey.

Sie

Siebenter Auftritt.

Ein Bube, die Vorigen.

Ein Bube. So eben sprengte ein verkappter Gewaffneter mit verhängtem Zügel in die Vorburg; er will vorgelassen seyn.

Fust. Laß ihn kommen.

Bertha. Gott! was bedeutet das? Gewiß ein neues Unglück!

Achter Auftritt.

v. Arnstein der jüngere, verkappt. Die Vorigen.

v. Arnstein d. j. Ich suche hier den Ritter Landschaden von Steinach, den ich in seiner Burg nicht fand.

Steinach. Hier steht er.

Bertha. Ihr Heilige, was wird daraus werden?

v. Arnstein d. j. Der Abt von Sponheim nimmt deine Aufforderung zum Kampf wegen Fusts Güter an; und da der Pfaff nicht kämpfen darf, so erwartet dich sein Vogt heute vor dem letzten Kampfgerichte: Hier ist der Handschuh. (Er wirft dem Ritter Steinach den Handschuh vor die Füsse.)

Steinach. Visier auf! — wer bist du?

v. Arnstein d. j. Ein reisiger Mann des Abts.

Stei=

Steinach. Dein Abt hat viele Priestersöhne, Diakonen und Bauernbuben unter seinen reisigen Zügen, die wider des Kaisers Verbot Wehrgehäng und Waffen tragen. Von solch zucht- und ehrlosen Gesellen hebt Ritter Steinach keinen Handschuh auf.

v. Arnstein d. j. (schlägt den Helmsturz auf.) Schau her, ich bin der Mann deines Todes; der Sohn des Kastenvogts von Sponheim, dir ein ebenbürtiger Ritter.

Fuß. Ein grimmiger Mann! Junge, du hast vielleicht schon einen todten Abt ausplündern helfen.

v. Arnstein d. j. Darauf werd' ich euch heute drunten in den Schranken antworten! Da solls Feuer stäuben, daß die Splitter von der Rüstung fliegen, und die älteste Kampfhelden, gewohnt in Blut und Tod zu schauen, die Gesichter für Graus und Schauer abwenden.

Bertha. Gott! der Tod stellt sich zwischen mich und ihn.

Steinach. Auf Kolbenschlag, oder Schwertstreich?

v. Arnstein d. j. Auf Schwertstreich! und zwar in drey Stunden, bey Brand, Raub und Mord!

Steinach. Wenn dir anderst die Zeit nicht zu kurz wird, dein Seelengeräth in Ordnung zu bringen.

v. Arnstein d. j. Ich stecke mein Schwert in den Kampfkreis, und schwöre auf den Knopf, daß ich eure Aufmahnung bey hellem Tage, auf dieser Burg so feierlich angenommen habe: als es Brauch ist, und Rittersitte. (er geht ab.)

Steinach. Das wird dir niemand läugnen.

Fuß.

Juſt. Geh Junge! du haſt heute das letztemal
deinen Milchbart hinter den eiſernen Maulkorb ge=
ſteckt. Das heiß ich mir ritterlich anwerben! Sey
ſtolz darauf, Mädchen! — Steinach, es ſoll dir
wohl thun, wenn man einſt deine hübſche Frau lobt,
und du ſo an das Schwert ſchlagen, und ſagen kannſt:
die hab ich mir erkämpft!

Steinach (ſchaut Bertha zärtlich an.) Ob ich
dich liebe, Bertha?

Bertha. Forderſt du dafür einen Mirthenkranz
auf deine Bahre? Der ſoll dir werden! Dann —
(ſie ſchaut ihren Vater kläglich an.) Dann guter Va=
ter, dem armen unglücklichen Mädchen eine dornene
Krone aufs Grab.

Steinach. Nichts von Grab und Tod! Ju
einer Stunde meine Liebe, ſind wir das glücklichſte
Paar.

Bertha. Giebt's unter den Todten auch Braut=
paare? Ich komme, ich fühl es, daß ich bald
komme. Ich habe ſchon Tode geſehen, hoch erſchreck=
lich — entſetzlich! Einen Blick in deinen Sarg, und
ich bin ganz wie du.

Juſt. Der rauhe Auftritt hat ihr den Kopf ein
wenig verrückt.

Steinach. Fürchte nichts! Es war ja nur ein
Miethknecht, der ſo prahlte. Er kämpft im Lohne
für ſeinen Abt: und ich fechte für Bertha.

Bertha. Mein Gott, muß denn um das arme
Mädchen Blut flieſſen!

Steinach. Ihr Heilige! bald macht ſie mir
den Kampf ſchwer!

K 5   **Juſt.**

Fuß. Mädchen, wer bin ich?

Bertha. Ach — mein Vater!

Fuß. Bald schäm ich mich vor dem Ritter hier, daß ich's bin. Die Enkeltn der Justen von Stromberg, bey blutigen Kämpfen, Fehden und Turnieren erzogen, fällt vor einer Aufforderung zusammen, und wimmert wegen einem Kampfe wie eine schlechte Bauerndirne. Ha! ein würdiges Weib für einen Ritter, der so viel besitzt, und so viel mit der Klinge zu verfechten hat!

Bertha. Mein Vater! — Wie er mir das so mächtig ins Herz sprach!

Fuß. Mädchen, glaubst du, daß dein Vater eine gerechte Sache hat?

Bertha. O, das glaub ich!

Fuß. Und daß Gottes Urtheil ohnfehlbar für die gerechte Sache ist?

Bertha. Das glaub ich auch.

Fuß. (zum Steinach.) Jetzt komm, Steinach, und laß uns kämpfen!

Bertha. Das hat mich aufgerichtet! — Euren Segen, mein Vater! — (zum Steinach.) Von dir nehm ich keinen Abschied; wir sehen einander wieder, so wahr Gottes Urtheil gerecht ist, und die Hülfe seiner Heiligen. O daß ich meine Lenden umgürten könnte, wie ein Mann! Auf den Trost wollt' ich deine Kampfhelferin seyn.

Fuß. (küßt sie.) Das — (küßt sie nochmal.) das, Steinach, ist meine Tochter!

Steinach. (umarmt sie.) Und Steinachs ewige liebe Braut! (Fuß und Steinach gehen ab.)

Ber

Bertha. Fort sind sie! — Gott wie ist mein Herz beklemmt! Vielleicht fort auf ewig! Die Ritterstochter kann groß thun, aber am Ende wird's das schwache Weib nicht aushalten. — Sie haben's gut, die Männer! Wo sie nicht durchgreifen und glücklich seyn können, da fallen sie todt zur Stelle hin. Aber das arme Weib stirbt Jahre lang am nagenden Kummer. Wenn der Trauerbote mit der Nachricht käme — O ihr guten Heiligen ich halte den Gedanken kaum aus! — er liegt drunten im Kreise in all seinem Blute, krümmt sich das letztemal um das Schwert, und röchelt das letzte Röcheln, Dann — Gott! was wird dann mit mir werden? Dafür hab ich keinen Sinn!

Neunter Auftritt.

Bertha, Adelheid.

Adelheid. Sie stürmen nach dem Kampfgerichte, wie ich höre. Komm, laß dir deine Thränen trocknen, gutes, liebes Mädchen! — — Unbesonnen! Einen Kampf' mit dem jungen v. Arnstein — und noch gar vor dem Vollmonde, zu wagen! Arnstein ist ein kühner, berüchtigter Kämpfer. Auf den Posaunenschall zum Kampfe wird er wie ein verwundeter Löwe; stampft die Erde, und brüllt seinem Gegner Schrecken in die Seele. Betrachte den Steinach als einen Todten. Da muß Hilfe von oben erbeten werden! Was er an Gliedern und Leben aus dem Kampfkreise zurückbringt, das ist durch die

Für

Fürbitte der Heiligen gefunden. Darum ſey ſchön fromm, meine Liebe! Steig hinab durch den geheimen Burggang in die Kapelle mit Wachs und Opfer — knie auf das Grab deiner ſeligen Mutter. Ich hab' ein mitternächtliches Geſicht gehabt: Gottes Urtheil will da erbeten ſeyn!

Bertha. Ach die Selige! Jetzt fühl ichs, was ſie gelitten haben mag, wenn ſich mein Vater zum Kampf und Fehde von ihr losriß!

Adelheid. Eben darum, mein Kind, kann ſie dich den Heiligen recht kläglich und wehmüthig empfehlen. Das wär' einmal ſo mein gottſeliger Rath, mit chriſtlicher, trauriger Demuth zu melden!

(Man hört läuten.)

Bertha. (fährt zuſammen.)

Adelheid. Man läutet ſchon das erſtemal zum Gebete, daß Gott den Kampf für das Recht entſcheide.

Bertha. In dem dumpfen, hohlen Tone iſt Tod! Gott! man bringt die Bahre in den Kreis! Iſt das dein Käſtchen, Steinach? — Unſer Brautlager? — — Der Blutknecht ſtürmt mit dem Todtenſtabe nach der Lanze — Einen Schlag: und es iſt geſchehen! Um dich, und mich geſchehen!

Adelheid. Die Vorbitte der Heiligen iſt mächtig! Folge meinem Rathe, Liebe!

Bertha. Ich folge! Lebt wohl, gute Muhme! Von dem Grabe meiner ſeligen Mutter, gehet der Weg zu Steinachs Bahre; wenn ich da nicht erhört werde, dann will ich mein von Jammer zerriſſenes Herz durch die Schauer des ſchwarzen Kampfgitters tra=

tragen, mich hart zum Todten drängen, den Schmuck
meines Haupts auf seine Bahre streuen, dann zur
Erde niederfallen, mich fest — fest an den blutigen
Leichnam schließen — — Pfui, Bertha! Ein Glo-
ckenschlag kann die Ritterstochter so verstimmen, die
lernen soll, unter bloße Klingen zu schauen?

Adelheid. Eile, meine Tochter! ich folge dir
gleich nach — — Wenn ich und der Engel betet,
dann schmollen die Teufel ohnmächtig in der Hölle,
und beißen sich selbst für Unmuth in die Schwänze.

Bertha. Also in die Gesellschaft der Todten? —
Da bin ich jetzt recht gerne! (ab.)

Adelheid. In der Gesellschaft werden dich des
Abts Reitleute nicht lange lassen, dafür ist gesorgt:
wenn nur die Bestellung richtig gemacht worden —
Wenn uns das im Kampfgerichte mißlingen sollte,
so wie der Zweykampf zwischen Fust und Steinach
schon fehlgeschlagen, dann müssen sie die erkämpften
Güter wieder abtreten, um Bertha vom Abt aus-
zulösen; wenigstens macht ihnen das einen starken
Riß in ihren Plan; wir gewinnen Zeit und dann
giebts Rath! — Da kommt Rutler.

Zehnter Auftritt.

Rutler, Adelheid.

Adelheid. Ist alles richtig ausgerichtet und
wohl bestellt worden?

Rutler. Ja, edle Frau: der Vogt hat seine
beste Reitleute dazu abgeschickt.

Adel-

Adelheid. Wenns nur auch die klügſten, rauheſten und unerbittlichſten ſind! — Es iſt ein haarſchlitziges, pfiffiges, feines, gewandtes Ding! Sie hat mächtige Thränen; dabey weiß ſie an der Halskrauſe herumzukrabbeln, bis ſich der Buſenſchleier zu ihrem Vortheile verſchiebt; und wenn ſie anziehen will, ſo kann ſie ſo wohlgeberdig und züchtig weigern — Wenn ſie ſich mit ihr einlaſſen, und nicht gleich friſch angreifen, ſo fängt ſie die Reiter, ſtatt daß die Reiter ſie fangen ſollen. — Itzt muß ich wieder den Artinns hüten; ich hab ihn einsweilen zu einem guten Trunke eingeſperrt! Sage dem Arnſtein, daß meinerſeits alles wohl beſorgt ſey.

(Sie gehen ab.)

Elfter Auftritt.

Die Bühne ſtellet einen freien Platz, mit einem Gegitter umgeben, oder mit Palliſaden abgeſondert vor, worinnen das Kampfgericht gehalten wird.

Man ſiehet in dem Kampfplatz auf einem erhabenen Orte den Stuhl für den Kampfrichter; vor dem Stuhl eine aufgerichtete Lanze, woran Schild und Schwert hängen; bey der Lanze liegt ein weißes Weldenkäppchen.

Die Kampfhelden, oder Kampfbeiſitzer ſitzen auf zwo Bänken, etwas tiefer als der Richter.

Zween Kreiswärtel verwahren den Eingang des Gegitters mit kreuzweis geſtellten Spieſen.

Vor dem Gegitter ſind die Schilder und Wappen der Kämpfer und ihrer Helfer zur Probe ihres Adels aufgeſteckt zu ſehen, bey welchen der Kampfbeteiß mit

mit mehreren Kreiswärteln und alten Kampfrittern
stehet, welche die Schilder durchsuchen.

In der Ferne stehet man mehrere Haufen von Adelknech-
ten und Buben in der Pracht ihres Feldgeräths,
welche ihre Ritter zum Kampfgericht begleitet haben.

Der Kampfrichter. (zu seinen Beisitzern.)
Ihr alte versuchte Kampfhelden, macht mich weiß,
wie ich ein wahres, rechtes Kampfgericht halten sol-
le, als es Sitte ist und alten Herkommens.

Der älteste Beisitzer. Willst du den ältesten
Kämpfer hören? — Du sollst das freie Kampfgericht mit Bann und Friedentröstung und Geleit he-
gen und handhaben.

Der Richter. (zu den beiden Kampfhelden, die
außer dem Kreise die Schilder untersucht haben.)
Sind beide Kämpfer und ihre Helfer unbescholtene
freie Männer, einander ebenbürtig, von gleicher
Schildgenossenschaft?

Der älteste Kampfheld. (außer dem Kreise.)
Beide Kämpfer und ihre Helfer sind offenkundig von
rechter Rittersart zu diesen Heerschilden geboren.
Schöffenbare freie Männer dürfen jedes freie Turnier besuchen. Ist jemand dawider, der rede nun,
und schweige hernach.

Der Richter. Kreiswärtel laßt sie in die
Schranken!

(Die Kämpfer treten mit ihren Helfern in die Schranken. Ihre Waffenträger folgen ihnen nach.)

Der Richter. Ritter Hanns Landschaden von
Steinach, und Ritter Wolf von Arnstein: könnt ihr
geloben einen gestabten schweren Eid, daß ihr euch

kei-

keiner Zauberkräuter, Gebeter, Kreiſe und Zeichen
zum bannen, blenden oder ſtärken bedient habt,
noch fürbaß bedienet wollet, ohne Argliſt und Ge=
fährde, wie Menſchenſinne das denken mögen, ſo
leget eure Finger auf dieſe kreuzweis zuſammengeleg=
te Schwerter!

(Die Ritter legen ihre Finger auf die Schwerter,
welche ihnen der Kreiswärtel vorhält.)

Der Richter. (zum Volk.) Ihr Ritter, ſchöf=
ſenbare Männer, edle Knechte und biedere Leute!
der Kampf betrift die ſtrittige Auslöſung von Fuſtens
vielen beträchtlichen Gütern, welche Ritter Land=
ſchaden von Steinach gegen den würdigen, andäch=
tigen Beda, Pfaf und Abt zu Sponheim mit der
Klinge behaupten und darthun will. Die Kämpfer
hier im Kreiſe haben bey ihren großen, ſchweren Ei=
den gelobt, und ſich verpflichtet, mit ihrer Ehre,
Schild, Helm und Kleinod, vor uns zu kämpfen
auf Hals und Haupt, bis einer den andern mit
Leib und Waffen ſieghaft fällen wird. Kreiswärtel,
bringt die Todtenbahre in die Mitte des Kreiſes;
dem der fällt, wird ein ehrbares Grab —

(Die Kreiswärtel bringen die Bahre in den Kreis,
und decken ſie auf.)

(zu den Kampfbeiſitzern.) Haben beide Kämpfer glei=
che Sonne und Licht?

Der Kampfbeiſitzer. Das haben ſie.

Der Richter (zu den Kämpfern.) Ihr Käm=
pfer! getrau't ihr zu Gott, daß er den Kampf nach
Recht entſcheide, ſo ziehet eure Schwerter. (Die
Schildknaben reichen ihnen ihre Schilde und treten zu=
rück.)

rück.) Ihr alten Kampfhelden, ist das ein wahres, ächtes Kampfgericht, redlicher, ehrbarer Uebung, worinn man den Zwist an Gottes Gericht lassen kann, so werfe der Aelteste zur Urkund seinen Hand=schuh in den Kreis. (Der Aelteste wirft seinen Hand=schuh zwischen die zween Kämpfer.) Herold, gebiete Frieden.

Der Herold. (läßt die Trompeten blasen. Steigt auf einen erhabenen Ort und ruft laut.) Ich gebiete Frieden in Worten und Werken, bey dem Halse! Im Namen dieses freien Kampfgerichts, damit nie=mand irre werde im Kampfe.

Der Richter. Kreiswärtel, hier nimm das Stäbchen, und schlag dreymal an die aufgerichtete Lanze; beim dritten Schlag hat der aufgeforderte von Arnstein den ersten Hieb zu versuchen. Ihr Zu=schauer seyd Zeugen, und bittet Gott und seine Hei=lige, daß er den Kampf für das Recht entscheide; denn, was die Menschen nicht sehen, das weis der allmächtige Gott!

(Der Kreiswärtel schlägt heftig an die Lanze. Nach einer langen Pause das zweytemal.)

Zwölfter Auftritt.

Von Arnstein der ältere mit sieben Reisi=gen, drängt sich in die Schranken. Die Vo=rigen.

v. Arnstein d. ä. Haltet ein!

L   Der

Der Richter. Viſier auf! Wer biſt du? Und was haſt du für Macht, daß du das freie Kampf= gericht hier ſtören darfſt?

v. Arnſtein d. ä. (ſchlägt ſein Viſier auf.) Ich bin Ritter von Arnſtein der ältere. — Landſchaden von Steinach kann hier niemand kämpflich begrüßen.

Der älteſte Kampfheld. Du greifſt ihn an Ehr und Glimpf öffentlich an? Gieb Rechenſchaft!

v. Arnſtein d. ä. Er hat heute früh den Burg= frieden der Heiligen von Sponheim mit gewaltſa= men Ueberfall gebrochen, Gottes Geleit und Frieden überfahren, iſt ſchalkbar, ehrlos und rechtlos; an ſeinem Leib und Gut kann niemand freveln.

Steinach. Ihr Männer ſcharfen Gerichts! was der hier ſagt, iſt Lüge!

v. Arnſtein d. ä. Da ſtehen ſieben Eidhelfer, von untadelhaften gleichen Schildern, guter Ritters= art, die wollen ſchwören auf die Gräber der Hei= ligen.

Steinach. Und ich ſtrecke meinen Arm gegen den Himmel auf, und will ihn tauchen in geſegne= tes ſiedendes Waſſer, in die geweihte Glut des Ei= ſens; ich nehme alle Gerichte Gottes auf mich: der, und ſeine Zeugen ſagen Lügen. Die Sonne war über'm Berge, Gottes Friede war mit Aufgange der Sonne aus; was meine Reitleute brachen, war nicht Gottes Friede, war ein falſcher Friede, den der Abt ſeinen Weinfäſſern läuten ließ.

Der Richter. Die Sache betrift die Rechte der Heiligen und gehört vor des Biſchoffs Stuhl. Da

was

mag sich Ritter Steinach reinigen, und dann hier kämpfen.

v. Arnstein d. ä. Geh, laß dich in den Bann fluchen, zum Ketzer scheeren! Kriech aus dem Kuraß in den Bußsack — Hier kannst du nimmermehr kämpfen!

Just. Dann kämpft Ritter Just von Stromberg für sich und ihn, daß er ein ehrbarer, frommer, unbescholtener Ritter ist, rein von diesen Bubereien!

v. Arnstein d. ä. Dir ist mein Abt, zum Kampf zu antworten, nicht schuldig. Dein Vater hat seine Henne getreten, deine Mutter war des Abts Leibeigene; und du bist sein leibeigener Knecht todt und lebendig.

Just. (führt einen Hieb nach ihm.) Knecht du selber!

Die Kreiswärtel. (springen ihnen zwischen die Klingen.) Kampffrieden, bey Gott Ehr und Recht!

Just. Ihr Männer ritterlichen Wesens! darf das der Mönch von Sponheim wagen, den ältesten Adel im Gau öffentlich zu beschimpfen? dann Schmach über eure Schilder und Helme! Itzt über den Mönch, oder ewig unter seinen Krummstab!

Steinach. Zum Schwert wider die Pfaffheit!

(Die Ritter stürmen mit ihren Leuten dem Just zur Hülfe. Und die Dienstleute des Abts drängen sich zu denen von Arnstein mit bloßen Klingen.)

v. Arnstein d. ä. Ihr treue, wehrhafte Helfer und Anhänger des Abts! steckt ihm einen rothen

Hahr

Hahnen auf's Dach; Brand, Raub und Tod über
die Burg Stromberg!

(Alles tummelt ſich untereinander, und der Vorhang.
fällt.)

Ende des dritten Aufzugs.

Vierter Aufzug.

(Die Bühne ſtellt eine altgotiſche Kapelle vor; eine
Trinkſtube darneben, davor ein freier groſſer Platz
rund um mit Gebüſch und Geſträuch umgeben. Auf
der nahen Anhöhe Fuſts Burg.
Die Kapelle iſt halb offen. Man ſiehet Bertha in einem
weiſſen Gürtel = Gewand auf dem Grabe zwiſchen
zwo brennenden Kerzen knien und beten.)

Erſter Auftritt.

Pinar, Herrmann, einige Buben, und des
Abts Reitleute.

Pinar. (zu ſeiner Truppe.)

Bleibt zurücke, daß ſich ja keiner auf dem freien
Platze da ſehen läßt, ſonſt blaſen die da oben Sturm;
dann iſt alles verhunzt. (zu einem Knechte.) Nimm
die drey Buben da, laß ſie das Gebüſch allenthalben durchkriechen, beſieh die Hölzer dort und alle

Din-

Dinge wohl, ob nicht irgendwo wehrhafte Leute liegen. (zu seiner Truppe.) Ihr viere besetzt dort die
tiefe Höhle von der Burg herab, mit gespantem
Bogen. Ists so recht, Herrmann?

Herrmann. Die Anstalten gefielen mir schon,
wenn's nur ein redlicher, ehrbarer Handel wäre!
Aber ein wehrloses armes Weib vor den Augen der
lieben Heiligen niederwerfen: das sollte ich denken,
wär' so ein Stück Arbeit für Heckenreiter und Mörder.

Pinar. Dacht's auch! Wollte durchaus nicht
auf den Sattel; da schwur mir der Vogt bey seiner
Ehre, das Weib sey des Abts leibeigene Magd;
und seine Heiligen hätten einen uralten Brief, ihre
Leibeigene zu verfolgen, und wo man sie fände, mit
dem Ohr anzunageln.

Herrmann. Ja, wenn er einen alten Brief
darüber hat, das ist ein anders.

(Der ausgeschickte Knecht kömmt mit seinen Buben
von Späh und Kundschaft zurücke.)

Der Knecht. Es ist alles rein und sauber rund
umher!

Pinar. Ihr haltet itzt dort hinter dem Gebüsche bey der Trinkstube, auf die Losung: Beute Brüder! besetzt gleich den Ausgang der Trinkstube, und
wenn wir fort sind, so steckt das Nest an, und folgt
uns nach. Jetzt Herrmann mit deinen sechs Gesellen und dem Buben das Visier zu: frisch über sie
her: dann geschwind mit ihr auf das Roß!— Nur
stille nach der Kapelle.

L 3   Der

Der Bube. Ich will auf Händ und Füßen, wie eine Katze an ſie kriechen.

Herrmann. (ſchleicht durch das Gebüſch, ſeine Leute hinter ihm. Er ſteckt den Kopf in die Kapelle, dann ſchaut er wieder heraus; winkt ſeinen Leuten, ſie ſollen zurück bleiben; ſteckt abermal den Kopf in die Kapelle, dann wieder heraus; ſchüttelt den Kopf und kommt zurück.)

Pinar. Was ſoll das? Du kömmſt leer zurücke; langſam, finſter und traurig als wenn du eine Leiche geleitet hätteſt?

Herrmann. Ich habe ſie auf den Gräbern der Todten vor heiligem Feuer knien, beten und weinen geſehen. Bann = Schauer hat mich gepackt. Ich konnte nicht!

Pinar. Kannſt über kein Weib das weint?

Herrmann. Ich habe die Weiber gerne. Ein Weib wehrlos, das weint, fordert Hülfe von mir, und ein Weib das weint und betet, rührt mich gar über alle maßen. Sie iſt noch oben drauf ſchön gebunden, wie eine Edle; iſt hübſch und jung — Ein ſchönes Weib in der Andacht iſt das ſchönſte Ding auf Gottes Erdboden.

Der Bube. Der Abt hat gewiß auch Bilder in ſeiner Kirche, welche die Augen recht wehmüthig verdrehen, daß jeder loſe Geſell ſittlich und fromm davor wird; iſt euch aber all nichts dagegen.

Pinar. Itzt nicht viel Sattelhängens! wollt ihr, oder wollt ihr nicht?

Herrmann. Ich ſcheide aus!

Der

Der Bube. Ich möchte auch nicht gern bey einem Weiberraube reisig werden, und meine Sporen verdienen.

Pinar. Dann bleibt hier und macht für sie die Wallfahrt aus; es wird euch reuen. Sie ist hübsch und jung? Desto besser! Das soll der Vogt theuer bezahlen. Wir jagen mit ihr nach der Trinkstube in den Wald, schicken einen ins Kloster, und lassen erst fordern; wird er mit uns nicht einig, so werden wir's mit ihr! — Zum Haufen Brüder, schließt euch an! (Er bricht durch das Gebüsche, springt mit seinen Leuten in die Kapelle, sie ergreifen Bertha, und tragen sie auf zusammen geschlungenen Armen fort. Er schreyt:) Beute Brüder!

(Pinars Gesellen stecken die Trinkstube an.)

Bertha. (bäumt sich; schreit laut und jammert) Räuber! Mörder! Hülfe! Mein Vater! Seyd barmherzig! Mein Vater!

Herrmann. (bey seinen Buben.) Das arme Weib! Sie hat einen Vater — Vieleicht ein hülfloser, alter, kranker Mann, für den sie hier gebetet hat? Jammer, Bube, daß wir zu schwach sind! Komm, wir wollen sie wenigstens schützen, daß ihr an Leib und Ehre kein Leid geschieht.

(Herrmann und der Bube eilen der Truppe nach, die Bertha fortgeschleppt hat.)

Zwey=

Zweyter Auftritt.

(Die Bühne stellt einen gemeinen Burgsaal vor.)

Ritter Fuſt und Ritter Steinach kommen
mit Reinald und mehreren Reitleuten vom
Kampfgericht zurück.

Steinach. Bietet die Dienſtleute auf! Lichte
Flammen auf all unſre Warttürme!

Fuſt. Ha! das frißt mich auf!

Steinach. Sperrt alle Thore!

Fuſt. Hätten wir nur den Mönchsknechten im
Kampfkreiſe die Hälſe brechen dürfen!

Steinach. Grab Steine, Reinald, an die Ab-
ſturzlöcher ober dem Thurmthore! An der Speckmaus
da gilts am meiſten; jagt alle Thurmknechte an die
Schutzgattern. (Reinald ab.)

Fuſt. Das durfte der Mönch wagen! Sieh,
Steinach, das ſind die Folgen von der Andacht
unſerer Väter, und unſerer Thorheit. Daß ſie auch
dem Mönche auf dem Eſel in den Orient nachlaufen
mußten! Da ſtehen itzt die Burgen öde und leer;
auf den verfallenen Streitmauren weiden die Ziegen;
die beſten Adelbuben zum Schwerte oder Krummſtabe
geboren, liegen vor des Abts Kloſterſchwelle, wär-
men ſich in der Sonne und ſchmarotzen Mönchsſuppe.
Altgraue Ritter, ehemals mächtig an Rath, und
tapfer mit der Fauſt, ſtehen jetzt vor den Wallfahrts-
kirchen, und erzählen den andächtigen Matronen,
was ihre von den Sarazenen gemarterte Söhne um
ein

ein paar Bettelheller vermögen. Die Mönche haben
unsre Güter, unsre Kräfte, Rechte und Schriften!
Wo Hülf und Trost hernehmen?

Steinach. Nicht gezagt, alter Ritter! Noth
macht Tugend; und itzt muß es brechen! — Alle
Edle im Gau müssen Antheil an unsrer Sache nehmen. Der Abt besitzt Pfandgüter von den meisten.—
Daß uns Bertha nicht entgegen kam! Was werden
wir ihr sagen?

Fust. Erst alle Ankehre zur Gegenwehr, hernach zu dem Weibe! Indeß kann ihr einer sagen,
daß wir da sind. (Ein Bube geht ab.)

Dritter Auftritt.

Fetzer von Schwalbach. Die Vorigen.

Fetzer. (zum Fust.) Ich habe dir vierzig Reiter
zur Stärkung gebracht, lieber, alter Vetter; das
soll dich aufrichten! — Komm ans Fenster, und
betrachte mir die derbe, ernste, starre Männer auf
ihren Streithengsten im Burghofe. (Sie gehen miteinander ans Fenster.)

Fust. Fetzers Männer sind eherne Säulen!

Steinach. Wie sie so kalt und wild aus dem
Helmgitter unter den borstigen Augenbrauen her-
vordräuen! — So ein Anblick ist schon Tod für einen Mönchsknecht.

Fetzer. Fust, die sollen dir den Abt fragen: ob
du sein Leibeigener bist! Ich bürge dafür, wenn sie

ihm

ihm nach dem Vespertrunke begegnen, er soll die ſo
nüchtern werden, als käme er aus der Metten.

Fuſt. Mein Vater hätte eine Eigene des Abts
zum Weibe gehabt? Ich folgte alſo meiner Mutter,
und wäre leibeigen ſo gut wie ſie? Und meine Tochter wäre wieder ſeine Leibeigene? — Gott! wenn
das wahr wäre! Der Gedanke iſt ſchrecklicher als
ein Mordſchwert im Herzen. Ich habe weder Vater
noch Mutter gekannt; alle mündliche Erburkunden
ſind durch die Auswanderungen, Kreuzzüge und
Verheerungen verloren gegangen.

Fetzer. Nicht ſo kläglich! Wenns auch wahr
wäre, daß dein Vater mit einer Leibeigenen des Abts
zur Ehe gegriffen, Leibeigen biſt du doch nicht!

Fuſt. Wenn ein ſchöffenbarer freier Mann mit
einer gemeinen Dirne, oder Landſaßin ſich vergreift,
folgen die Kinder nicht der ärgern Hand, und werden leibeigen wie die Mutter iſt?

Fetzer. Ja, wem die Henne gehört, dem ſind
auch die Eyer. Es fliegt aber keine Henne über die
Burgmauer. Die Burgen im ganzen Gau haben
gleiche Rechte mit der Stadt Speier. Der Leibeigene, der Jahr und Tag dahinter geſeßen, und un-
angeſprochen geblieben, wird ein freier Mann.

Steinach. (zum Fuſt.) Das dürft ihr ſicher
glauben: Ritter Fetzer iſt der Mann — der weiß im
ganzen Gau alle Gebote und Verbote, Zug und
Fluch, Land und Sand, Herkommen und Gewohn-
heiten, die ſtärker ſind als Briefe und Siegel.

Fuſt. Dann wird er auch wiſſen, ob ein Mädchen das auch nicht leibeigen iſt, aber ihres Vaters
Ru-

Mutterschild nicht aufweisen kann, und also nicht
guter Rittersart ist, eines freien, schöffenbaren Rit=
ters Ehewirthinn werden kann?

Fetzer. (besinnt sich.) Ja, das ist eine andere
Frage.

Just. Was spricht Ritter Fetzer darzu?

Fetzer. Was er beim Manngerichte auf der
Burg Kirchberg sprach, als Elsle von Festeck mit
seines Hübners Laz Wittwe zur Ehe griff.

Steinach. Ha! da saßen die alten kalten Le=
henhansen beisammen, und sprachen so ehrenvest,
daß Elsle die überaus schöne Wittwe nicht lieben
dörfe.

Fetzer. Alt und jung, alle Männer und Burg=
genossen von gleicher Ehre und Schild sprachen wi=
der diese Ehe.

Just. Sie sprachen Recht! Das Mädchen,
Steinach, soll mir nichts am deutschen Adel verder=
ben, so stark es auch hier unterm Kuraß für sie
schlägt.

Steinach. Das kann sie auch nicht! Ihr Va=
ter und Großväter waren alle schöffenbare, freie
Ritter; der Vater allein adelt! Der erste streitbare
Kämpfer und kühne Jäger war der erste Edle. Das
Weib kann hier nichts gut machen, und nichts ver=
derben; der Mann rathet und reitet! Eine Ritterin
ist ein lächerliches Zwitterwesen. Steinachs Frau ist
die Steinachin; und wenn Steinach sich durch edle
Thaten ausnimmt, dann ist sie die edle Frau.

Fetzer. Steinach schwärmt! Es ist eine alte Ur=
sitte, daß der Freie bey der Freien, der Edle bey
der

der Edlen, und der Knecht bey der Magd bleiben
muß.

Steinach. Muß? Muß man auch hier müßen?
Eine Baurentochter hat oft ein Grübchen in den
Wangen, und kann so was mit dem Auge machen,
daß einem der ganze Adel eckel wird. Wenn mich
nun so ein Grübchen, so ein Blick glücklich machen
kann, was wollen mir hier eure Ursitten?

Fuſt. Glücklich machen! werden's auch deine
Kinder seyn? Die dürfen einmal nicht mit ehrbaren
Schöffen und Rathmännern zu Gerichte sitzen —

Seyer. Werden bey allen freien Turnieren aus
den Schranken gejagt!

Fuſt. Von den Domstiftern und Adelklöſtern ab-
gewiesen!

Steinach. Weh auch dem Buben, der mir in
eine Kapuze schlupfen wollte. — Meine Jungen
müßen mir einst Väter ihrer eigenen Thaten werden!
und wenn sie das sind, so wird jeder, der Schutz
bedarf, sich unter ihr Schild schmiegen. Die Stifter werden sie zu Schirmvögten erbitten, und gerne
die Gefälle der Heiligen mit ihnen theilen. — Ich
wollte wohl gerne eure Jungen fragen: wer sich
von ihnen getraut, die Finger auf die Heiligen zu
legen, daß der sein leiblicher Großvater war, der
diese oder jene große That vollzog? Wir haben uns
untereinander herumgetummelt, sind irre geworden.

Fuſt. Schweig, Steinach! Ich will lieber das
Schimpfgeschrey des alten von Arnstein noch einmal
vor öffentlichem Kampfgerichte hören.

Seyer.

Sezer. Das Weib hat ihm den Kopf irre gemacht!

Vierter Auftritt.

Reinald, die Vorigen.

Reinald. Das Hauptthor gegen das Kloster zu ist schon verrammelt! — Des Abts Reitleute haben diesen Fehdbrief zu den Schutzgattern hereingereicht, und sind im Trotte stolz davon geritten. (Er überreicht Fusten den Brief.)

Just. Auch noch einen Fehdbrief!

Sezer. Er schickte mir letzt einen, weil sich ein Ochse von meiner Heerde an seiner Klostermäuer gerieben hatte.

Just. (giebt Steinachen den Brief.)

Steinach. (erbricht ihn und liest.) „Wir Beda, Pfaff und Abt zu Sponheim, und Gemeine „des Gotteshauses allda, lassen dich, Fust von „Stromberg, mit voller Macht und ganzer Kraft „dieses Briefes wissen, daß uns eine Schrift aus „deinen eigenen Schränken zu Gesichte gekommen — "

Just. Reinald, geh, nimm die Alte, und steck sie ein: und wen du bey ihr findest, den wirf zu ihr in's Loch! (Reinald geht ab.)

Steinach. (fährt fort zu lesen.) „Die da sagt, „daß dein Vater, Brenner Fust, mit einer uns leibeigenen Dirne aus unserer besthäuptigen Mühle zu „Vens-

„Vensheim auf der Kulzbach zur Ehe genssen,
„und dich mit ihr gewonnen hat.“

„Du bist daher unser leibeigener Knecht, und
„deine Tochter unsre leibeigene Magd; und wir
„wollen, daß sie vor dem Bettsprunge mit Ritter
„Steinach, bey uns den Gürtel löst, und uns bis
„dahin mit allen herkömmlichen Frohn= Hand = und
„Leib= Diensten gewärtig seye. Wenn nun dieses
„nicht geschiehet, und so oft und dick das nicht ge=
„schiehet, und es doch Noth thut, daß es geschehe!
„Wollen wir dein, deiner armen Leute, Dörfer
„und Weiler Feinde seyn; dich mit Brand, Raub
„und Mord überfallen, und mit diesem Briefe Ehr
„und Glimpf bewahret haben. Bedarf es aber eige=
„ner Handgelöbniß, so wollen wir auch diese hie=
„mit gethan haben. — Gegeben als man sang in
„unserer Kirche: Vocem jucunditatis tuæ.“

Hier folgt noch was geschriebenes —

Setzer. Abscheulichers kannst du nichts mehr le=
sen!

Fust. Lies — itzt lies alles!

Steinach. (liest weiter.) „Item: wissen die
„zwölf Schöffen, die da sitzen über das Thal Strom=
„berg, und richten bis an St. Peters Maal, daß
„die Mühle auf der Kulzbach, oben am Dorfe Vens=
„heim, beshäuptig ist den armen heiligen zu Spon=
„heim, und die darinn sitzen sind ihm leibeigen zu
„ewigen Tagen.“

„Item: Das Dorf Vensheim mit Zwingen
„und Bannen, und den Kirchsatz im Dorfe hat
„Brenner Fust, der Molterer genannt, weil er mit
„„des

„ des Müllers Tochter oben am Dorfe zur Ehe
„ grif — — "

Just. (nimmt dem Steinach die Schrift aus der
Hand und betrachtet sie.) Laß sehen die geschriebene
Lügen! — — Gott! Was seh ich? Das ist das
Siegel der Schöffen vom Thale Stromberg!

Fezer. (nimmt auch den Brief, durchschaut ihn,
und liest.) „ Zur mehreren Urkunde hab ich Werner
„ von Radolsdorf, und ich Blicker Dinham Ritter,
„ als ein Richter, mein eigen Insiegel gehenkt an
„ diesen Brief — " Ein Donnerschlag, der alle
Empfindung erstickt!

(Sie sehen alle bey einander stumm an. Just läßt
sich kraftlos auf den Stuhl nieder.)

Steinach. (zum Just.) Du suchst Trost in meinen Augen, unglücklicher, guter Mann? Der soll
dir werden! So wahr ich Gotteskreuz zwischen den
Schultern getragen habe: er soll dir werden!

Fezer. (zum Just.) Laß dich nicht vom Schmerz
überwerfen — Auf! Dein Unglück wächst zum Un-
geheuer, wenn du davor sitzest und es anschauest.
Ha! In unsern Klingen ist noch Glück und Segen.

Just. Eine Klinge im Kopf die das Hirn spaltet: das Fezer, das wäre jetzt Glück für mich!

Steinach. Ich muß sie haben, und wenn ihr
das Mühlrad an der Stirne geschrieben stünde!

Just. Dann geh und werde auch leibeigen; und
küsse dann dein Weib, wenn sie des Abts Spindel
in der Frohn drehet. (zum Fezer.) Gelt das ist lustig Fezer? — Das mußte mir noch werden zum
Lohne, daß ich für die Christenheit geblutet habe!

O

O Gott! überladeſt du dafür meine alten Tage mit
Fluch und Gram! —

Fünfter Auftritt.

Die Vorigen. Erſt Ratgald mit einem Buben, dann Reinald.

Ratgald. So eben ſind wir eingeritten, edler
Herr! Eine Truppe verkappter Reiter ſprengte vor
uns, von der Kapelle, mit einem Weibe ins Thal,
nach dem Kloſter zu!

Reinald. (kommt.) Bertha iſt auf der Burg
nicht zu finden!

Steinach. Ein Raub! Gott! Wo iſt Bertha? —
Flörsheim war nicht beim Kampfgerichte!

Ratgald. Der Fluß trennte uns von ihnen. Ich
warf geſchwind einen Buben ins Waſſer, der ſchwamm
hinüber und fand hier den Buſenſchleier in der Kapelle, bey einem groſſen niedergehauenen Burghund.

Fetzer. Kundſchafter auf alle Wege und Stege!
(Reinald geht ab.)

Steinach. Ha! die Räuber! über Stock und
Block ihnen nach! (eilt ab.)

Fuſt. Räuber! Wer iſt geraubt? Meine Tochter
geraubt! Sag heraus, lieber Fetzer, heraus! —
Gott! das iſt ihr Buſenſchleier, auch geſchändet!
Das iſt der letzte Streich! Ich muß fort!

Fetzer. Bleib; du biſt ſchwach, ſehr ſchwach!

Fuſt. Laß mich.

Fetzer,

Fetzer. Man jagt ihnen nach! Wo willst du denn hin?

Just. Auch jagen! Und wo ich nicht mehr fort kann, halten, sie dem da oben empfehlen — und sterben!

Fetzer. Gott steh ihm bey, dem armen unglücklichen Vater!

Just. Sieh, wie sie die Mord = und Lustknechte herumzerren! — Gott! hast du keinen Engel für die kreisende Unschuld? — Und du, Fetzer — auch kein Schwert? Ich bin schwach und elend — Habe keins! Aber fort muß ich doch! fort!

Sechster Auftritt.

Reinald, ein Bube, und einer von Fetzers Leuten, Vorige.

Reinald. Sie rücken an wie Räuber und Mordbrenner; in der Ferne steigt Rauch und Dampf aus. Der Bann — Burgmühle — die armen Leute im Thale stürmen mit der Brand = und Blutglocke heftig nach Hilfe; auf der andern Seite stehet die Trinkstube an der Kapelle in lichten Flammen.

Fetzer. Meine Reiter sollen ihnen geschwinde entgegen sprengen, und den Fluß besetzen!

(Fetzers Reiter ab.)

Just. Brand und Raub? Geschwind, fort, Fetzer! fort!

Fetzer. Wohin? schwankender, armer Mann — Was soll ich?

M   Just.

Fuſt. Kommen, und ſchauen wie ein alter Vater durch Gottes Wunder jung und ſtark wird, wenn er nach ſeiner Tochter durch Rauch und Flammen ſpringt. Wenn ich ſie ihnen nicht entreiße, nicht lebendig in meine Arme bringe, dann erſinne etwas gegen die Räuber und Mordbrenner, das mehr vermag als Feuer und Schwert, und ich führ es aus. (ab.)

Fetzer. (im Abgehen zum Reinald.) Stoß mit fünf und zwanzig Reitern zu den Meinigen und zeig ih= nen die Furten am Fluſſe, daß ſie ſolche beſetzen; laßt euch aber in keinen entſcheidenden Handel mit ihnen ein, bis ich bey euch bin.

Reinald. Gut, edler Herr! (Fetzer ab.)

Der Bube. (zu Reinald.) Sie reiten alle nach Bertha aus und ich meine immer, die beſte Kundſchaft von ihr ſey auf der Burg zu haben.

Reinald. Wie ſo, Bube?

Der Bube. Ich habe den Artimes mit der alten hinter der Buchwand her nach ihrer Stube ſchleichen geſehn. Zwiſchen ihnen und dem Abte läuft beſtändig ein Sudelbube hin und her, der ihnen durch eine Schutzgatter Kundſchaft bringt. Der Maler war auch lange beim Vogt und Abte, und ſtand mit ihnen im größten Vertrauen, wie ich von dem Jungen er= fuhr.

Reinald. Bube, du magſt Recht haben! Ich traf ihn auch bey verſchloßner Thüre mit der Alten, als ich ſie auf Fuſts Befehl ins Loch warf, und ſperrte ihn mit ihr ein. Das ſind pfiffige, gewandt= te, grauſe Dinge! Ich muß ſie dem Ritter Fetzer anvertrauen, ehe ich ausreite. Der iſt hochklug und verständig, ist gar oft Schieds- und Rathmann, schreibt und liest wie ein Priester.

(gehen ab.)

Ende des vierten Aufzugs.

Fünfter Aufzug.

(Die Bühne stellt eine Art von Wachtstube vor. Man siehet ein spitzes Thürchen mit Eisen beschlagen; in der Mitte ein Gitter, wodurch man ins Gefängniß schauen, und die Gefangene beobachten kann.)

Erster Auftritt.

(Eine Wache stehet vor dem Gitter, die übrigen Reisleute schärfen ihre Klingen.)

Kurt, Witbald, Ratgald, ein Bube.

Der Bube. Es ist alles aufgesattelt, gerüstet, und zum Ansprengen fertig.

Kurt. (steckt seine Klinge ein.) Mit so herzlicher Lust hab ich sie noch nie gewezt.

Witbald, (beschaut seine Klinge nochmal.) Wem ich damit den Helm kizle, dem wirds gewiß nicht mehr nach Händeln jucken.

Die Wache. Glück in Arm, Bruder!

M 2   Kurt

Kurt. Das gebe Gott! (alle gehen ab, bis auf die Wache.)

Zweyter Auftritt.

Ritter Fetzer, ein Bube.

Fetzer. (zum Buben.) Bube, schließ auf, und bring den Maler zuerst her! Sie mögen recht haben. Der Kerl ist von einer Art Schurken, die Kalk unter das Mehl gemischt, und die ganze Christenheit an die Sarazenen verrathen haben.

Dritter Auftritt.

Artimes, der Bube, Fetzer.

Fetzer. Was hast du für einen Verkehr mit Adelheiten?

Artimes. Gar keinen, edler Herr; sie wollte so einen mit mir haben.

Fetzer. Läugne nicht! Es ist alles am Tage, du steckst mit ihr unter der Decke.

Artimes. Wahr ist's, edler Herr! Sie bleckt die Zähne wie ein alter Sturmbock am Mauerbrecher, wenn von so was die Sprache ist. Aber auf meine theure Christenseele, so weit ist's noch nicht gekommen. Das ist ja ein Schlagbaum gegen den leidigen Satan, und all seine böse Anreizungen! — Man sollte sie jedem armen Sünder, Gott gnade uns allen! zur Buße geben.

Fetzer.

Setzer. Keine Kurzweil, sag ich dir! — Man hat dich in ihrem Zimmer, im geheimsten Vertrauen, bey verschlossener Thüre betreten.

Artimes. Leute von Erfahrung wollen freilich daraus als auf Werke der Finsterniß schließen. Die Gewohnheitssünder! — Ich wollte auch Ehr und Glimpf gegen die Vorschiebung des Riegels verwahren; aber die Alte behauptete, sie hätte so gewisse Privilegien, kraft deren jeder gute Christ glauben müsse: „es sey eine Andachtsübung bey verschlossener Thüre zwischen ihr und mir vorgegangen.—" Das ist nun freilich so ein Glaube, der den armen Gläubigen eben nicht selig macht; indeß ——

Setzer. Schweig! du hast sogar den ganzen Tag über bey ihr gezecht und geschmauset — Sie giebt nichts umsonst her!

Artimes. O gewiß, edler Herr!

Setzer. Zwischen euch und dem Abte lief beständig ein Bote mit geheimen Kundschaften hin und her. Du warst sogar des Vogts und des Abtes geheimster Vertrauter —

Artimes. Durch den unglücklichsten Zufall von der Welt. Mir ward fast die Ehre mit ihrer Freundschaft und ihrem Geheimniß zwischen Quadern und Eisen lebendig zu verfaulen, wenn mich nicht mein guter Geist durch einen guten Menschen gerettet hätte.

Setzer. Was sagst du da? Wann? Wo? Wie?

Artimes. Auf die traurigste und lustigste Weise: er zeigte mir einen unterirrdischen Gang, durch den kam ich von der andächtigen Bruderschaft zu der

kal-

kalten Schwesterschaft. Das war ein Aufruhr, ein
Tumult, und ein Lermgeschrey im Kloster, als ich
so plötzlich zur Unzeit erschiene! Ich hätte die Obe-
dienz gestört, die Disciplin verheert, die Clausur
gebrochen, schrien die Alten; das hätte nicht so viel
zu sagen, meinten die Jungen, wenn ich nur das
Silentium hielte!

Setzer. Bey deinem Halse, Grieche! Du flüch-
test umsonst hinter Spas und Kurzweil. Ich muß
Licht und Wahrheit haben.

Artimes. Grieche! — das sagt er mit einem
Tone der äußersten Verachtung! Ritter, kein so
großer Häufe von Menschen ist ganz bös! Hier hab
ich Beweise, daß es Griechen giebt, so treu, ehrlich
und rechtschaffen wie die Deutschen. — Ritter Setzer, seid ihr Fußs Freund?

Setzer. Der bin ich!

Artimes. Bey Gott! —

Setzer. Und Ritters Ehre!

Artimes. Dann nehmt hin und leset. (er giebt
ihm die Zeichnungen.)

Setzer. Zeichnungen von Grabsteinen? (liest.)

Artimes. Ich habe in meinem Gefängnisse erfahren, daß die Alte mit dem Vogte geheime An-
schläge gegen meinen Herrn den Ritter Fuß hat; ich
machte einen Versuch sie ganz auszuforschen. —
Wir haben alle so ein Fleckchen edler Herr, ich
schmeichelte ihrer Andacht — ihrem Stolz auf alte,
edle Abkunft; es gelang mir. — Nun kenn ich sie
ganz. Sie kann auch so einfältig und frömmlend
daher schleichen, als wenn sie aus Lieb und Andacht

dacht des Bruder Peter seinem Esel ein Haar aus
dem Schweife, auf eine recht züchtige, erbauliche
Weise ausrupfen, und sich damit gegen den Teufel
verwahren wollte; im Grunde aber ist sie eine um
Gotteswillen ergrimmte Bübin! Vor ihren Schalk-
streichen schauert einem die Haut; es ist nicht anders, der Teufel muß sie mit allen Hand = und
Spann = Frohnen genossen und ungenossen im Dien-
ste haben. Sie hat den Ritter Steinach auf Mord
und Tod an ihren Bruder gehezt, den Pfandbrief
verfälschen, und statt versezt, verkauft hinein-
sezen lassen, und Bertha, die verdachtlose Unschuld,
in die Hände der Mord = und Schandknechte des
Vogts geliefert. Im Kloster werdet ihr sie finden,
wenn der gottlose Streich gelungen ist.

Sezer. (mit den Zeichnungen in der Hand.) Bote des Glücks, wo hast du diese Dinge her?

Artimes. Im Geißelgewölbe zu Sponheim wo
ich gefangen lag, hab ich sie gezeichnet.

Sezer. Gott, laß es doch recht wahr seyn.

Artimes. Bey allen Heiligen, edler Herr, es
liegen noch geheimere Dinge für meinen Ritter allda,
unter einem Steine, bey den eingesunkenen Altar-
tritten, wo der Mond diese Nacht einen rothen Schein
hinwarf —

Sezer. Woher weißt du das?

Artimes. Der gute Mann, der mir den geheimen Gang zeigte, hat es aus dem Munde eines ster-
benden Mönchs gehört, der Fusts Bruder war.

Sezer. Von der Stelle will ich mit sicherm Geleite ins Kloster jagen! Du mußt mit!

N 4   Ar.

Artimes. Lieber zum Teufel in die Hölle, edler Herr! die mauern die Menſchen lebendig ein; geben ihnen Brod, Wein, Nagel, Hammer und Strang mit, da müſſen ſie ſich ſelbſt henken, wenn das Henkermahl aufgezehrt iſt. Wenn mich einer am Wammes zupfte, ich fiel ſchon todt zur Erde.

Fezer. Keine Poſſen! Geſchwind auf meinen Araber.

Artimes. Edler Herr, das kann gar nicht ſeyn.

Fezer. Denn biſt du vieleicht gar ein Lügner, oder Verräther.

Artimes. Ein treuer ehrlicher Mann; aber ein ſchlechter Reiter; und das gehet durch die Luft.

Fezer. Geſchwind! Geſchwind!

Artimes. Dem Dinge viel gutes! aber ich hocke mich nicht auf: und hocke mich nicht auf! Ich laufe hinten nach.

Fezer. (zur Wache.) Du bewachſt die Alte ſcharf! — (zum Buben.) Schließ zu, Bube!

(ſie gehen ab.)

Vierter Auftritt.

(Die Bühne ſtellt eine Burgſtube vor, Fuſt ſitzt am Tiſche, mit dem Kopfe auf der Hand des aufgeſtüzten Arms ſehr kläglich. Ueber dem Tiſche hängen Waffen.)

Reinald und ein Bube kommen dazu.

Fuſt. Sie iſt todt! (auf die Waffen deutend.) Ich wollt ihr lägt mit Ehren auf meiner Bahre, (er ſtarrt die Erde an.) Mutter Erde, dein Anblick hat was
tröſte

tröstliches für den Unglücklichen! In deinem Schooße
schläft der Elende, auf die rastlosen Leiden, sanft
und wohl, und jeder der seinen Weg vorüber ziehet, wünscht und gönnt ihm die ewige Ruh. Das
wird der Abt auch auf meinem Grabe beten. (er fährt
auf und schreit laut.) Nicht Ruhe; Vernichtung
Heuchler! bete Vernichtung Mönch! Ruhe ist Spott
auf mein Grab! Der Vater, dem die einzige liebe,
liebe Tochter geraubt, geschändet, ermordet worden,
hat in der Schöpfung keine Ruhstätte mehr. Rache!
Rache über die Mörder, ist hier mein letztes Gebet
und dort der Anfang meiner Ewigkeit! Mein Geist
soll euch vor dem allgegenwärtigen Schauerbilde des
ermordeten Engels stets in der Seele fressen, und
wenn er euch zum Todtengerippe abgenagt hat, dann
wird er die von euren Gräbern schrecken, welche
euch zu meinem und eurem Spotte Ruhe zubeten.
(er läßt sich auf den Stuhl fallen.) Da sitz ich und
drohe; ich bin schwach und elend — alles ist abge-
spannt; ich kann nichts mehr mit dem Schwerte —
ich sollte was ausfinnen, aber (er schlägt die Hand
vor die Stirne) hier ist es so leer, (er deutet aufs
Herz) und da so voll! Will doch denken; bey der
feierlichen Todesstille läßt sichs gut denken.

Reinald. (im Eintritte mit dem Buben, zum Buben)
Sind ihre Haufen stark?

Der Bube. Wohl über hundert Spieße.

Reinald. Ich traue nicht. Sie waren bey den
blutigen Händeln die der Abt mit dem Bischofe hatte,
der ihn strafen wollte, auf des Abts Seite. — Ich
will den Ritter Fust erst darum fragen. (er nähert

ſich Fuſten.) Edler Herr: Ritter Schütz von Holz-
hauſen und Gans von Otzberg halten mit mehr denn
hundert Spießen vor unſerer äußerſten Warte und
ſagen: eure Sache wäre auch ihre Sache mit; ſie
wollen eure Freunde werden, und geloben euch zu
helfen mit Leib und Gut wider den Abt; und ihre
Burgen und Schlöſſer ſollen euch offen ſeyn zu allen euren Nöthen.   Läßt man ſie ein? — — Er
hört mich nicht!

Der Bube. Fragt ihn noch einmal: itzt ſchaut
er auf.

Reinald. Er ſeufzet tief, ſchaut hoch erbärmlich umher; Gott! der arme Vater ſucht ſeine unglückliche Tochter! Bube ſprich du mit ihm, mich
würgt das, und drückt mir die Gurgel zu.

Der Bube. Er ſpricht mit ſich ſelbſt; fährt
auf, lächelt uns wild an! Ich fürchte mich.

Reinald. (nähert ſich abermal.) Schützens und
Ganſens Reitleute halten vor der Burg — darf ich
ſie einlaſſen?

Fuſt. Ja, laß alles — Laß alles!

Reinald. Wehrhaft, mit Schwert und Bogen?
ohne daß ſie den Burgfrieden gelobt haben? Das
dürfte uns gefährlich werden!

Fuſt. Dann hau ſie weg!

Reinald. Gott ſey mit ihm, und mit der ganzen Burg! Er iſt völlig weg! (zum Buben) Da ſchau
hin, iſt das der Mann, der dem Tode ſo oft vor
uns her in die grinzende Lade gelacht hat?

Der

Der Bube. Erbarme sich Gott! Es stehet recht übel um den alten, armen Herrn; sogar auf Schwert und Bogen merkt er nicht mehr auf.

Reinald. Helft ihm ihr Heiligen; der arme Mann hat es um so manchen Sarazenenkopf sauer verdienen müssen.

(Die aufgehenkten Waffen fallen mit starken Gerassel auf die Erde.)

Just. Ihr Geist hat sich gemeldet, hat an mein Schild geklopft! — Forderst du noch Vatersegen über deinen blutigen Leichnam, und Rache über deine Mörder? — Ich komme, Bertha, ich komme; ich strecke meine Arme nach dir aus! —

Fünfter Auftritt.

Bertha, Flörsheim. Die Vorigen.

Bertha. (läuft ihrem Vater in die Arme.) O mein Vater!

Just. Meine Tochter!

Reinald. Wie? Das zierlich gezöpfte und schön gebundene Mädchen ohne Schleyer, mit zerrissenen Kleidern und fliegenden Haaren?

Flörsheim. Du wolltest mir immer nicht glauben, daß er noch lebe!

Bertha. Kaum, lieber Flörsheim, kaum lebt er noch! — O ihr guten Heiligen, mein Vater! Entstellt, blaß, kalt, in der entsetzlichsten Noth allein! — Wo ist Steinach? hat er schon ausgeblutet im Kreise? heraus, Reinald! sag heraus!

Rei-

Reinald. Er lebt! Er iſt euch über Stock und Block nach ſeiner Bertha.

Fuſt. (der ſich allmählig erholt.) Ja du biſt's, ich fühl es am Herzen! du biſt es ſelbſt; das thut mir weh, daß du es biſt. Ich wollte, es wäre nur dein Schatten, und der wanderte wieder ſeinen Weg auf der Wolke zu deiner ſeligen Mutter; itzt war ich bald bey euch. (er drückt ſie in ſeine Arme.) Gelt, die Mord- und Raubknechte! Gott! Sie ſpriche nicht! — Du biſt zu geſchämig, armes Kind! Sag, du war'ſt in ihrer Gewalt, und das Uebrige laß mich erſchrecklich denken!

Bertha. Ich war nicht, beſter Vater!

Fuſt. Warſt nicht? O du, der du Leiden auf Leiden über mein Haupt häufeſt, halt ein! Nur noch dieſe kleine Erholung, daß ich ſie unentehrt nochmal an mein Herz drücke — Dann auch mit dem Reſte über mich her!

Bertha. Mich hat Flörsheim gerettet, der edel= müthige Mann! Erholt euch, lieber, guter Vater! daß wir ihm freundlich und herzlich danken können.

Flörsheim. So was verdankt ſich ſelbſt meine Holde; es iſt gar liebliche, große Luſt ſo Ritterſchaft zu treiben.

Fuſt. Nimm meine Hand, Flörsheim! Sie iſt ſchon ſteif und kalt, deſto feierlicher iſt der Dank. Du hatteſt Wehr und Schild für die Arme Unglück= liche, vielleicht haſt du auch Thränen für ſie. Die Enkelin der Fuſten von Stromberg iſt eine ſchlechte Henne, des Abts Leibeigene! — das iſt fürchter= lich! Aber, daß die Sache gar nicht mit der Klin=

ge

ze auszumachen ist, das Flörsheim, das ist hoch-
erbärmlich!

Flörsheim. Unmöglich! mein Knecht, den ich
zum Kampfgericht schickte, wollte mir so was erzählen, konnte es aber nicht darbringen.

Sechster Auftritt.

Ritter Steinach, die Vorigen.

Steinach. Wie, Flörsheim hier an der Seite
des Weibes? — Brav Reinald! Frommer Mann,
du hast sie gewiß auf der Flucht mit einander er-
griffen, niedergeworfen und eingebracht! — Vertheidige dich Flörsheim! (er stürmt mit dem Schwert
auf ihn los.)

Bertha. (läuft zwischen sie.) Haltet ein! Eure
Bertha stehet zwischen euren Klingen.

Steinach. Eure Bertha? Ha! nicht mehr
mein? — Dann auch nicht sein! Sein der Tod!
(er haut nach Flörsheim.)

Bertha. Dein und sein!

Just. Steinach, er ist dein bester Freund! Ihr
Erretter.

Flörsheim. Der bin ich, so wahr ich Flörsheim bin!

Steinach. Und warst nicht beim Kampfgerichte, aber bey dem Weibe?

Bertha. O laß dir freundlichen Bescheid geben,
wie er mich gerettet hat —

Flörs-

Flörsheim. Nein, nicht beim Kampfgerichte!
Ich ließ das Kampfgericht durch einen meiner Knechte
auf dem Roß mit dem Zügel in der Hand beobach=
ten, und hütete die Burg oben aus dem geheimen
Verdeck gegen des Abts Knechte, die meine Kund=
schafter in der Nähe ausgespähet hätten. — Auf den
Fall, daß du fielſt, wollt ich ihr sogleich tröſtlich
und behülflich seyn. Hätte dich Arnſtein in den
Sand geſtreckt — ich bin ſo grad aus — das Mäd=
chen wäre mein geweſen. Auf einmal hörte ich ein
fürchterliches Hundgeheul grad unten im Thale; ich
brach durch das Gebüſch, ſchaute hinab, da ſah
ich einen Trupp in vollem Galopp mit einem Weibe
durchs Thal nach dem Kloſter rennen — Ich brach
eilig mit den Meinigen durch den geheimen Wald=
pfad, ſchnitt den krummen Weg ab, legte mich ins
Gehölz bey der Tränke und Herberge nahe am Klo=
ſter, da ſprengen Mann und Roß allezeit aus Ge=
wohnheit an; ſie ſtiegen ab, und zechten auf ihre
Beute in der Herberg. Wir fielen aus, und hau=
ten ihren Roſſen die Zäume ab; ich ergriff das,
worauf Bertha ſaß, und rannte ihnen mit Spott
unter der Naſe weg. (er führt Bertha zum Steinach.)
Freund, du empfängſt ſie hier aus meinen Händen,
rein wie eine Heilige; einem Weibe von ſo treuer
Zucht und Schaam, nach der einem das Herz ſtehet,
weiß man mit gar züchtiger Sitte zu warten.

Steinach. Dank, Flörsheim! (er halſt ihn.)
Aber das Glück gönn' ich dir nicht ganz. (zu Bertha.)
Arme, liebe Bertha! Was wirſt du gelitten haben?
Gute liebe Kreuzträgerinn! Der Leidenblick macht ſi=

im

immer schöner und theurer! Die Gewalt möcht ich
sehen, die mich nun von dir reißen will! (zum Fust.)
Muth, guter Mann! Itzt geht es mit vereinigten
Kräften über den Vogt los! Schütz von Holzhau-
sen, Gans von Ozberg, und Hirschhorn sind so
eben mit mir eingeritten.

Siebenter Auftritt.

Reinald, die Vorigen.

Reinald. Der alte Arnstein hält ohne Wehr
und Waffen bey der äußersten Warte, im Geleite
von Fetzers Reitern; er sagt, der alte Fetzer sey im
Kloster, und werde gleich nachkommen, und alle Gegenwehr abstellen; er verlangt gütliches Gespräch
mit euch, darf ich ihn einlassen?

Steinach. Nichts Gespräch! Er hat ausge-
kundschaftet, daß so viele wehrhafte Helfer an unserer Sache Theil nehmen, und hier eingeritten sind.
Wir müßten uns schämen, daß wir nicht mehr auf
unser Recht und ihre Klingen trauten! Itzt ist der
rechte Zeitpunkt, nun über den Mönch oder nimmermehr! Grimmig über seine elende Haufen her! —
Ich werf ihn euch nieder; ihr sollt ihn noch vor meinen Füßen sehen, mit einem Pferdesattel auf dem
Rücken, zum Zeichen seiner Unterwürfigkeit, und
damit der Mönchsknecht nicht mehr haarkitzlich wird,
will ich ihm eine Burg auf seinen eigenen Berg über
sein Kloster dahin setzen, woraus ihn die Enkel seiner Henne noch bändigen und demüthigen sollen.

Stei-

Seine Enkel müſſen den meinigen noch den Stegreif
halten, daß ſich der Sattel nicht wendet. Die
Buben, die in dem Zuge reiſig geworden, ſollen der
Nachwelt erzählen, wie ſchimpflich der Mönch un=
ter uns lag. — So, lieber Fuſt, ſo wird Bertha
die edle Frau!

Flörsheim. Das wolle Gott und ſeine Heilige
all! Aber Muth und Rache greifen hier der nö=
thigen Ueberlegung vor. — Wenn ſich nun der Abt
ſelbſt demüthigen und ſich unter unſer Panier ſchmie=
gen will? Fehden ſind Spiele, wie Würfelſpiele.
Auf allzuhohe Flüge folgen gerne gähe Abſtürze.
Man könnte ihn wenigſtens hören.

Bertha. Ja wohl, lieber Steinach, ich fürch=
te mich recht ſehr vor dem Abt; er könnte einen öf=
fentlichen Bannfluch und ſchwere Vermaledeiung auf
uns ausbringen.

Fuſt. Kind! das iſt eine Sache von Ehr und
Glimpf, die mehr betrift als all meine Güter,
Rechten und Gefälle; das läßt ſich nicht ſo gütlich
und ſchiedlich abthun. Wer da nachgiebt, räumt
ſchon ein.

Achter Auftritt.

Fetzer, Artimes, Adelheid mit der Wache. Die Vorigen.

Fetzer. Laßt abſatteln, Brüder! Das Feuer
aus auf all unſern Thürmen und Warten, die Frie=
defähnlein drauf! (zum Fuſt.) Du haſt dich im Krei=

ſe

se deiner Kinder und Freunde ein wenig erholt, lieber Alter! bist du stark genug, eine recht grosse Freude auszuhalten?

Just. Sprich meine Tochter sey eine edle, reiner Abkunft, sonst giebts keine mehr für mich.

Setzer. Das ist sie, lieber, glücklicher Mann! Sie ist die Enkelin einer edlen von Lützelstein, die deine Mutter war. Hier ist die Aufschrift ihres Grabsteines. Unten ist's ins deutsche gedollmetschet. Lies!

Flörsheim. Er kann nicht; er ist für Freud und Seelenlust stumm — Laßt mich lesen. (er nimmt die Blätter und liest.)

„Hier liegt Mathilde von Lützelstein, des Ritter „Brenner Just von Stromberg zwote eheliche Wir„thin; sie gebahr ihm zween Knäblein: Herwald „und Wolffried — (er schaut alle staunend an.)

Bertha. Wolffried? — Ja, das seyd ihr, lieber Vater!

Flörsheim. (liest weiter.) „Betet für sie!“ —

Adelheid. Das ist mit trauriger Weh = und Demuth zu melden, schon gar oft geschehen! — Von den alten Lützelsteinen? — Ey! Ey! Ein schöner Engel im Himmel!

Bertha. O, was fühlt eure Tochter in diesem Augenblick!

Steinach. Setzer, du bringst uns Glück und Leben!

Bertha. Die Freude ist zu wonniglich!

Flörsheim. Das ist Herzenslust, so was zu sehen! — Wie muß es erst zu empfinden seyn!

N   Just.

Fuſt. Kinder! Brüder! Freunde! Ich traue unſerm Glücke nicht ganz. Es ſind ja nur Schriften! —— Der Abt hat auch Schriften — Große Schriften! Mit Siegeln beglaubigt, von allen Schöffen im Gau.

Fezer. Auch die ſind gültig, ächt und wahr! Hier Flörsheim, lies auch dies Blatt.

Flörsheim. (lieſt.) „Hier liegt Trudtlieb Kau„lin, aus der Mühle bey Vensheim, des Ritter „Brenner Fuſt von Stromberg erſte eheliche Wir„thin; gebahr ihm ein Töchterlein, Adelheid. Gnad „ihr Gott!“

Artimes. Ja wohl, dafür Gnad ihr Gott! Aergers hätte ſie nichts thun können.

Steinach. Alſo wär die Alte des Abts Henne? So was mag ich von Herzen leiden; Ha! das ſoll ihm wohl thun!

Fuſt. Wo ſind die Schriften her?

Fezer. (er deutet auf den Artimes.) Hier, von dem biedern, treuen Manne. Es ſind Grabſchriften aus dem Geißelgewölbe, worinn er gefangen lag; ich war ſelbſt auf dem Platze. Der Abt hat ſie ſchon anerkannt.

Steinach. Er wuſte alſo? — wie entſchuldigt er den gewaltigen Schalkſtreich?

Fezer. Ein zeitlicher Abt geißle ſich niemals, und käme alſo nicht ins Geißelgewölbe.

Artimes. Das muß ich ihm aus Chriſtenpflicht bezeugen. Er iſt in der Sache ganz rein und unſchuldig. Das ſind auch keine Dinge für ſeinen.

Kopf.

Kopf. Er liebt so die Ruhe und läßt's beim alten, weil er sich wohl dabey befindet. Aber sein Vogt —

Fust. Der soll es erschrecklich büßen! Ha! Ich seh' itzt ganz hell und klar, sie haben sich hinter Arglist, Betrug, Briefverfälschung und Weiberraub versteckt! Heraus mit dir in den Kampfkreis männliche Memme! Kannst du an den Gefällen der Heiligen schwelgen, dann mußt du auch für dein Kloster selbst kämpfen! Schimpflich hat er mich durch Lug und Trug aus den Schranken gewiesen! — Aber ich komme wieder, komme weit fürchterlicher und herrlicher wieder! Zieh zum Spott und Hohn deiner Verleumdung mit Hochwehen der Helmzierde an der Pracht der aufgesteckten Lüzelsteiner und Stromberger Schilder vorüber, unter dem Schall der Trompete; und du hörst die Raben krähen in deiner erschrockenen Seele; der Klang der angeschlagnen Lanze ist für dich Ruf in den Abgrund, und wenn ich meine Klinge über dein Haupt zücke, dann hält der da oben Gericht über deiner Sünden sündlichste. Seine Gerechtigkeit fällt schwer auf mein Schwert, daß es dich durch Helm und Kuraß in der Mitte spaltet, und sein Würgengel schreckt dir den letzten Fluch in deine ausdampfende Seele; dir gegenwärtig für und für, Hölle in alle Ewigkeit. Kommt mit, laßt uns das Kampfgericht bestellen, und wenn er gefallen ist, dann zerschlagt die Bahre im Kreise und ruft laut: dem Räuber eines wehrlosen Weibes, dem Verfälscher und Betrüger werde kein ehrbares Grab!

R 2   Stel-

Steinach. Das iſt ein herrlicher Schwiegervater! — (zu der Bertha.) Ich bin ſeiner und deiner nicht werth, bis die Räuber und ihr Helfer unter meiner Klinge ausgeblutet haben, ſonſt erzählen ihre Stallbuben vor der Dorfſchmiede, wie ſie das Mädchen von Stromberg in ihrer Gewalt gehabt haben, ihre Heckenreuter ſingen in der Schenke Zottenlieder, auf das was ihre Luſt gewünſcht hat. Weg mit allem, was das Andenken der Schande erweckt, oder weg mit uns.

Bertha. Gott! lieber Fetzer, ich habe ſie noch nie ſo wild geſehen!

Fetzer. (zum Fuſt.) Die Rache hat dich zum brauſenden Jüngling geſtärkt! Aber eine kleine Verkühlung, die Sache will überlegt ſeyn.

Steinach. So was läßt ſich nicht überlegen; wer hier überlegt, denkt nach, ob er eines feigen Schurken ſchonen will.

Fetzer. Und mit dem Schurken wollten die Ritter kämpfen? (Fuſt und Steinach ſtaunen einander an.) Zum Beweis, daß ſie euren Pfandbrief geraubt und verfälſcht haben, bedarf es auch dieſer Umſtände nicht. Hier liegt der Beweis; (er legt die Urkunden hin.) ſtell dich darneben, Artimes, und ſprich!

Artimes. Das thaten ſie, edler Herr! Der fromme ehrenveſte Ritter von Arnſtein, und die andächtige Frau hier — Warum ſo traurig liebe Andächtige?

Adelheid. Ach, die Beklemmung einer unſchuldigen, frommen Seele iſt ſüße Schwermuth! — (für ſich.) Falſcher Grieche!

Fuſt.

Fuſt. Adelheid! Adelheid! Den Blick, der ſo beſtändig auf der Erde ſchleicht, konnt' ich nie lei=den; aber itzt ſteheſt du da, und verzerreſt das Ge=ſicht dabey, wie ein vermummter Teufel, dem die Wahrheit auf die Klauen getreten hat. Sprich!

Adelheid. Hier muß man leiden, ſchweigen, dulden, ſich im Stillen unterwerfen, anbeten und den künftigen Engel in ſich erwecken!— Ach! Die Ausſichten hinüber, ſind lichtvolle frohe Ausſichten!

Jeßer. Komm Sünderinn, ſtell dich zwiſchen den Biedermann und die Schrift hier, und halte es aus; und ich will ſagen, du ſchulmeiſterſt den Sa=tan in der Verſtellung! Fuſt, hier liegt der Pfand=brief des Kloſters vom nemlichen Tage, von eben den Zeugen unterſchrieben, mit den nemlichen Sie=geln beglaubiget, wie der deinige; und er ſpricht nichts vom Verkaufe, er enthält ein bloſſes Pfand=lehen. — Dein ſeliger Bruder hat ihn im Geißelge=wölbe zur künftigen Beſchämung der Verfälſcher ver=graben, als es ihm geſteckt ward, daß ſie dir den deinigen geraubt und verfälſcht hätten, um ſich des Beſitzes deiner Güter auf ewig zu verſichern. Sei=nem Freunde Volrath eröffnete er den Ort vor ſeinem Tode; dieſer entdeckte es dem Artimes, und Artimes mir, weil er nicht zu dir kommen konnte. Ich ritt' mit ihm ins Kloſter, ließ die Urkunde vor Zeugen erheben, und fand dabey ein Verzeichnis der Schätze, die dein Vater dem Kloſter zu treuen Händen hinter=legt hat, als er gegen die Sarazenen auszog. Da=bey lag noch eine Gräuelſchrift, daß ſie den armen Mönch, der den Brief verfälſchen mußte, lebendig

eingemauert, und vorgegeben haben, er ſey ein Ketzer,
und hätte öffentlich über den leidigen Satan geſpottet, der in des Abts Affen ſtecke, und ſeine grieß-
gramen Poſſen treibe, um die Brüder in der beſtän-
digen Betrachtung und Andacht zu ſtören.

Fuſt. Ein Schalkſtreich auf den andern!

Setzer. Bey dieſen Schriften und Briefen fiel
dem Vogt der Kamm, und der Abt ließ den Kopf
demüthig über den Schwappelbauch hängen, blickte
ſchüchtern auf, wie ein armer Sünder nach Gottes
Gericht, und ſagte: Ritter, ſchreibt euch Punkten
zum Vergleiche, ich unterzeichne alles! Das that
ich. Der Vogt hält mit den Punkten vor der äuſ-
ſerſten Warte; ich befahl unſern Leuten, ſie ſollten
ihn nach mir einlaſſen.

Steinach. Laßt ihn weg, oder ich ſpalte ihm
den Kopf, unbewahrt meiner Ehre, in unſerm eigenen Geleite.

Setzer. Ich rathe man ſoll ihn vorlaſſen, und
die Sache gütlich ſöhnen und vergleichen. Itzt iſt
der rechte Zeitpunkt, Freunde, der muß genützt werden; geſchwinde mit dem Eiſen auf die Schmide, eh
es verglühet! — Laßt ihnen eine kleine Erholung in
ihrer Betäubung, und ſie ſtecken wieder hinter ihren
Heiligen; wir werden mit all unſern Anhängern,
Zeugen und Schriften in den Bann geflucht, werden
ehr = und rechtlos, verlieren Glauben und Gehör. —
Wegen dem angeſchuldigten Bruche des Burg = und
Gottesfriedens hat der Vogt einmal ſieben Zeugen in
den Kampfkreis gebracht, die werden euch auf den
Gräbern der Heiligen nicht mehr nein ſagen; dann
müſ-

müßte sich Ritter Steinach gegen die Beschuldigung durch glühendes Eisen oder siedendes Wasser öffentlich reinigen. Und die Hand, die ich hier dem hübschen Weibe geben könnte, wollt ich nicht in Glut und Sud tauchen.

Bertha. Bedarf Fetzers Rath Thränen, die ihn empfehlen? Schaut, sie laufen heftig, guter, lieber Vater! O, den Namen hab ich noch nie genannt, ohne erhört zu werden!

Fust. Fetzer spricht zu dem Kopfe, und deine Thränen zu dem Herzen. Es wird mir so weit, sanft und gut, wenn ich mich Vater nennen höre. So gut für jedermann, als wenn ich aller Welt Vater wäre! — Fetzer, ich will ihnen verzeihen; ich folge deinem Rath. (Giebt Reinald ein Zeichen um Arnstein zu bringen.)

Flörsheim. Seine Muthmaßungen sind Aussichten eines weisen Mannes, und die sind baare Prophezeihungen.

Artimes. „Und die Hand, die ich hier dem „hübschen Weibe geben könnte, wollt' ich nicht in „Glut und Sud tauchen" — Schön gedacht! — Der Mann hat großen Verstand. Wohl dem, der ihn zum Rathmanne macht! Er wird gesunde Finger behalten, und sich nicht brennen lassen, wenn er ein schönes Weib ungebrannt genießen kann.

Steinach. So mächtig hat mir noch nie was angeleuchtet! — Hier bringt man ihn!

Neun-

Neunter Auftritt.

v. Arnſtein der ältere. Einige Reitleute, als
Reinald, Ratgald ꝛc. Die Vorigen.

v. Arnſtein d. ä. Lauter edle Männer, deren
Schilder bey ſo manchem Siege im Orient, an den
aufgeſteckten Lanzen hiengen! Wahrlich, ſo viel rü-
ſtige, hand = und thatfeſte Helden müßen noch nie
die Schilder auf einer Burg zuſammen geſtoßen haben! Es iſt mir über die Maaßen ehrſam unter euch
zu treten.

Fuſt. Keine hohe, glatte Worte Arnſtein! Lob
aus deinem Munde ſchwärzt die Männer, die hier
ſtehen.

Steinach. Deine Vollmacht und Gewalt zur
Sühne und Vergleich.

v. Arnſtein d. ä. Die hab ich mir ſo weit
ausdehnen laſſen, als ihr nur wünſchen möget; ſo
wahr es dem Vogte nichts nützt, wenn ſein Abt zu
mächtig wird. Man muß die Mönche unter den
Sporen halten, wenn man ſie reiten will! Nehmt
mich in euren Ritterbund, ich eröffne euch alle geheime Anſchläge des Abts, und überreiche euch dafür
die vortheilhafteſten Punkten zum Vergleich.

Fuſt. In unſerm Bunde haben wir Schilder,
Bögen und Schwerter, Verräther können wir nicht
brauchen!

Flörsheim. Du wärſt uns, was du deinem
Abte nun ſeyn willſt!

Fuſt.

Fuſt. Gieb her deine Vergleichspunkten; wir wiſſen's ſchon, ſie lauten beſſer als dieſer Antrag. Hier nimm, Flörsheim, und lies.

Flörsheim. (liest.) „Item: wollen Abt und „Gemeine des Gotteshauſes zu Sponheim den Rit= „ter Wolffried Fuſt von Stromberg und ſeine ehel= „che Tochter Bertha, für ſchöffenbare, ſemperfreie „Leute, Schild, Helm und Turnier fähig erkennen, „und der ſchöffenbare, ſemperfreie Mann, der ſie „nimmt, mag ſie nehmen zur Ehe und Ehre ohne „unſern Einſpruch und Zuthun. "

Steinach. Verſteht ſich von ſelbſten!

Fuſt. Geſühnt, bedungen und vertragen!

Flörsheim. (liest.) „Item mag Ritter Fuſt „all die Güter, um die Ritter Landſchaden von Stei= „nach für ihn kämpfen wollte, auslöſen, oder durch „wen er will, auslöſen laſſen. Auch wollen Abt „und Convent, alle köſtliche Dinge, die des Ritters „Vater im Kloſter etwa hinterlegt hat, ausliefern."

Fuſt. Geſühnt und bedungen, mit dem Zuſatze: daß alle Güter, die das Gotteshaus von unſern Helfern und Anhängern, voh den Kreuzzügen her, beſitzt, für lösbare Pfandgüter erkannt werden.

v. Arnſtein d. ä. Bedungen!

Flörsheim. (liest.) „Item: entſagen beide „Theile bey wahrer Ehre, Treue und Glauben, „allen Vorwürfen von Briefverfälſchung, Weiber= „raub, Vorenthaltung hinterlegten Gutes, Ueber= „fahrung des Frieden Gottes und ſeiner Heiligen — „die ſollen alle ab und todt ſeyn, und künftighin „nicht mehr gelten als eine zerbrochene Scherbe."

N 5 **Fuſt.**

Fuſt. Vertragen; jedoch mit dem Zuſatze: daß zur künftigen Sicherheit der Nachbarſchaft die Burg Sponheim, das Haus Felſeck und Feſtberg mir und meinen Helfern offen ſeyn ſollen, wider männiglich zu allen Zeiten und Nöthen.

v. Arnſtein d. ä. Darzu hab ich keine Vollmacht.

Setzer. Ich bürge für den Abt!

Flörsheim. (liest.) „Item: behält ſich der Abt „und das ganze Convent auf ihre Henne Adelheid, „alle Rechte der Leibeigenſchaft, Klauenthaler, Gür= „tellöße, Beſthaupt, Rauch und Zinßhühner, Ge= „wandthäl, Frohn= und Leibdienſte, Dienſtzwang „ꝛc. ꝛc. bevor."

Steinach. Geſühnt, bedungen und vertragen!

Bertha. Die arme Muhme!

Fuſt. Recht, mein Kind! Den Kitzel kann ich ihnen auch nicht gönnen. Sie hat Blut der Ritter von Stromberg in den Adern, das verdient mehr Achtung! Ich laſſe das Maierthum zu Rothheim für ſie zurück.

v. Arnſtein d. ä. Bedungen, vertragen und ausgerichtet! (für ſich) Wohl angebracht! Ich hat= te Gewalt ſie umſonſt hinzugeben.

Adelheid. Bruder, dieſe Handlung hat mich gebeſſert! Ich gehöre unter die Zöllner und Sünder: will aber dafür ſieben Jahre in Aſche, Waſſer und Brod Buße thun, ſo ſtreng als es je ein Biſchoff auf Zauberey und Todschlag verordnet hat. Und da ich zu arm und unwürdig bin ein Kloſter ſelbſt zu bauen, ſo will ich zum Kloſterbau unſrer lieben Frauen im Thale Steine zutragen —

Ar=

Artimes. Und auch selbst hineinkriechen — und mit dem ehrlichen Reste eurer Jahre und Keuschheit dem Himmel wuchern; — Sonst, edler Herr, quält und betet sie euch auf der Burg noch zu tode.

v. Arnstein d. ä. Laßt uns itzt die gesühnten, vertragenen Punkten mit Bann und Fluch verwahren.

Juft. Zum Bannen und Fluchen hab ich itzt keine Zeit: ich muß meine Kinder herzen und segnen. — (er küßt den Steinach.) Da, Steinach — und auch du, Bertha! (er küßt sie.) Dein erster Junge soll mein Heergewette haben (er küßt sie nochmal) und meine Türkenzelten obendrein! Kraft in Arm geb ihm der allmächtige Gott! O laß mir für all meine Leiden das noch werden, daß ich ihn selbst wehrhaft mache! Ha! Da will ich neben ihm herreiten, als wenn wir Jerusalem miteinander eingenommen hätten. — Ihr edle Helfer und Anhänger hier — (er deutet auf die Brust) Ihr versteht mich, und fühlt mehr als ich euch sagen kann!

Arnstein, geh und sage deinem Abte: du hättest einen guten Vater seine gute Kinder segnen, küßen und über sie Freude weinen gesehen. Da sey es so herzlich zugegangen, daß man ihm laut verziehen, und gewünscht habe: er dürfe auch Vater seyn, um ein recht guter Mensch zu werden!

Ende des Schauspiels.